le kiosque 1

A1

MÉTHODE DE FRANÇAIS

Céline HIMBER

Charlotte RASTELLO

Fabienne GALLON

Avec la collaboration de **Adeline GAUDEL**

D0543279

HACHETTE
Français langue étrangère
www.hachette.fle.fr

Couverture : Amarante - Sophie Fournier
Conception de la maquette intérieure : Jean-Louis Couturier, Bruno Chevreau
Conception des pages *Mag* et *Civilisation* : Sophie Guéroult
Mise en page : Sophie Guéroult, Marion Fernagut
Secrétariat d'édition : Cécile Schwartz
Illustrations : Denis Viougeas, Grégoire Belko
Cartographie : Hachette Éducation
Recherche iconographique : Brigitte Hammond, Estelle Dhenin
Photogravure : Nord Compo

ISBN : 978-2-01-155531-1
© Hachette Livre 2007, 43, quai de Grenelle, 75905 Paris cedex 15.
www.hachettefle.fr

Avant-propos

Le Kiosque 1 s'adresse à un public de jeunes adolescents débutant leur apprentissage de la langue française. Il couvre environ 80 heures d'enseignement.

Une préparation au Nouveau Delf A1

Le Kiosque 1 a pour objectif de développer chez les élèves leur compétence à communiquer dans des situations élémentaires de la vie quotidienne tout en leur faisant découvrir différents aspects de la culture française et francophone. Les contenus linguistiques et culturels proposés suivent les recommandations du **Cadre européen commun de référence niveau A1**, et préparent au **Nouveau DELF A1** version scolaire et junior.

Une organisation modulaire par double page

Le Kiosque 1 est composé d'une unité de départ suivie de huit unités de douze pages.
Au fil du livre, les élèves suivent la vie quotidienne d'un groupe de jeunes adolescents participant à un atelier journalisme et découvrent à chaque unité une page du magazine (*Le Mag'*) conçue dans l'atelier.
Chaque unité de la méthode, traitée sur le mode d'un magazine pour adolescents, s'ouvre sur un contrat d'apprentissage présentant le thème et les objectifs de l'unité, et se compose des séquences suivantes :

• La première double page *Oral* présente un épisode de l'histoire des personnages. Elle est axée sur la compréhension et l'expression **orales**.

• La deuxième double page *Écrit* présente un extrait du magazine créé par les jeunes et des activités portant sur la compréhension et l'expression **écrites**.
Dans chacune de ces deux doubles pages, un ou deux points de grammaire et un thème lexical sont abordés et travaillés en contexte.

• Après une phase d'observation, puis de déduction des règles grammaticales, un travail plus systématique sur la langue est proposé dans la double page *Atelier langue* qui présente également un point de phonétique.

• Une page *Communique* propose des activités de réemploi en production.

• Une *BD* authentique reprenant le thème et les contenus de l'unité permet de compléter le lexique avec des mots plus familiers et de découvrir la BD française et francophone contemporaine.

• Une double page *Civilisation* aborde un point culturel de manière ludique.

• Une page *Fais le point*, conçue sur le modèle des épreuves du **Nouveau DELF A1**, clôt chaque unité. Cette page liste le lexique de l'unité.

Une évaluation très complète

• Des pages **Bilan** pour retravailler régulièrement les acquis :
  – pour chaque unité dans le livre élève, une page *Fais le point* structurée par compétences sur le modèle du Nouveau DELF ;
  – une page dans le cahier d'exercices, structurée par points linguistiques et notée sur 20.

• Des pages d'**auto-évaluation** pour l'élève dans le cahier d'exercices :
  – toutes les deux unités, des activités à faire en autonomie, notées sur 20 ;
  – à la fin de chaque unité, une rubrique *Portfolio* reprenant les objectifs du CECR niveau A1.

• Une série de **fiches tests** par unité dans le cahier d'évaluation, notées, organisées par compétences et directement utilisables en classe par le professeur.

En annexe...

Sont proposés en fin d'ouvrage : un *précis grammatical*, un panorama des *actes de parole*, les *transcriptions* et un *lexique*.

Autres composants

En complément du manuel, *Le Kiosque 1* comprend :
– un **CD audio pour la classe**, support de toutes les activités orales symbolisées par le « picto écoute » avec des dialogues animés et des chansons qui « bougent » !
– un **CD élève** reprenant les dialogues, les chansons et les activités orales des pages *Fais le point* de chaque unité du livre.
– un **cahier d'exercices** vivant et ludique qui reprend les rubriques du livre de l'élève. En complément, une page *Sons et graphies* est consacrée à la pratique de l'orthographe. Toutes les deux unités, une page *Projet* propose une activité pour l'ensemble de la classe.
– un **guide pédagogique** qui propose une exploitation de toutes les activités du manuel et du cahier d'exercices ainsi que leur correction et apporte des informations culturelles et des suggestions d'activités complémentaires. Il contient également des fiches photocopiables (révisions, approfondissements, tests).

Et maintenant, à vous de découvrir *Le Kiosque* 1 !

Tableau des contenus

	Unité 0 Premiers jours	Unité 1 Je suis fan !	Unité 2 Spécial collège	Unité 3 Tous différents !
THÈMES	Premiers contacts	– Les présentations – Les stars	– Les goûts – L'école	– La description physique – L'âge
OBJECTIFS	– Prendre contact – Communiquer en classe	– Se présenter – Présenter une star – Découvrir les stars des Français	– Dire ce qu'on aime/ déteste à l'école – Parler de son emploi du temps	– Se décrire – Décrire quelqu'un – Écrire un slogan – Dire son âge et deman- der l'âge de quelqu'un
LEXIQUE	– Le matériel scolaire : *livre, stylo, cassette, tableau* – L'alphabet – *Oui, non* – *Salut, bonjour, ça va, et toi / et vous* – *Fille, garçon, pardon, merci*	– Quelques professions : *chanteur/chanteuse, acteur/actrice, mannequin, joueur de foot, journaliste* – Les nombres de 1 à 10 – *Nom, prénom, adresse, profession*	– Quelques matières scolaires : *Français, maths, histoire-géo, anglais, SVT, technologie, sport* – Les jours de la semaine – L'école : *récré, cantine, prof, copain, emploi du temps*	– La description physique : *grand, petit, gros, mince, beau, brun, roux, blond* – Les nombres de 11 à 20
GRAMMAIRE	– Les consignes de classe (impératif) : *observe, écoute, lis, écris, regarde* – Les articles indéfinis : *un, une* – *Qu'est-ce que c'est ?/C'est un(e)*	– Les pronoms personnels sujets : *je, tu, il/elle, nous, vous, ils/elles* – Le verbe *s'appeler* – Le verbe *être* – *Qui est-ce ?* – *Voilà*	– Les articles définis : *le, la, l', les* – Les verbes en *-er* : *aimer, détester, étudier, préférer* – Le verbe *avoir* – Le pronom personnel *on* – *Qu'est-ce que... ?*	– La négation *ne... pas* – L'accord des adjectifs : masculin/féminin ; singulier/pluriel – Les articles indéfinis : *un, une, des* – L'opposition articles définis/indéfinis
COMMUNI- CATION	– Saluer quelqu'un – Épeler un mot – Échanger en classe : *je ne comprends pas*	– Se présenter – Présenter quelqu'un – Remplir une fiche – Poser une question	– Parler de ses goûts à l'école – Poser des questions – Parler de son emploi du temps de la semaine	– Décrire quelqu'un – Dire son âge et demander l'âge de quelqu'un
CULTURE	– Les MJC en France – Vouvoiement de politesse	Quelques personnalités françaises	– L'école en France – Civilisation : la France et ses symboles	La journée / semaine contre le racisme
PHONÉTIQUE	L'alphabet français	L'intonation de l'interrogation et de l'affirmation	Le « e » final muet	Les consonnes finales muettes
THÈMES TRANSVERSAUX		– Convivialité : apprendre à se connaître – Interculturel : quelques stars françaises et internationales	Convivialité : les rapports entre élèves et profs	Éducation pour la paix : le respect des différences
RÉVISIONS		– *C'est / Et toi ?* – Épeler, saluer	– Les conjugaisons des verbes en *-er* au singulier – Les articles indéfinis *un/une*	– Les articles définis et indéfinis *le, la, l', les, un, une* – La conjugaison des verbes *être* et *avoir* – *Qui est-ce ?*

Unité 4 Photo de famille	Unité 5 Vive les vacances !	Unité 6 Quelle journée !	Unité 7 Chez moi	Unité 8 On va faire la fête !
a famille	– Les vacances – Les loisirs	– Les activités quotidiennes	– La maison – La chambre	– L'anniversaire – La fête
Présenter sa famille Exprimer appartenance Découvrir des familles rançaises célèbres	– Parler de ses vacances – Écrire une carte postale – Découvrir des sites touristiques français	– Demander et donner l'heure – Raconter sa journée	– Dire où on habite – Situer dans l'espace – Décrire sa chambre	– Inviter quelqu'un – Répondre à une invitation – Parler au téléphone – Dire la date
a famille : *père, mère, rère, sœur, grand-père, rand-mère, oncle, tante, ousin, cousine*	– Les lieux de vacances : *la montagne, la mer, la campagne, l'étranger* – Les moyens de transport : *train, avion, voiture, vélo* – Quelques loisirs et activités sportives	– Les nombres de 21 à 69 – L'heure : *et quart, et demi(e), moins le quart, à l'heure, en retard* – Les moments de la journée : *matin, après-midi, soir*	– Les pièces de la maison : *cuisine, salon, salle de bains, toilettes, couloir* – Le mobilier de la chambre : *lit, bureau, chaîne hi-fi, chaise, placard*	– La fête d'anniversaire : *bougies, cadeaux, gâteau, invitation, boissons* – Les mois, les dates
– Les adjectifs possessifs *Pas de, pas d'* – Les pronoms ersonnels toniques	– Les verbe *partir, aller* et *faire* – Les prépositions de lieu *à* et *chez* – Les pronoms interrogatifs *où* et *comment* – Les articles contractés : *du/de la/de l'*	– Les verbes *prendre* et *manger* – *Il est quelle heure ?/ Il est ... heures.* – *À quelle heure ... ?* – Les verbes pronominaux : *se lever, se laver, se coucher*	– Le mode impératif (affirmatif) – *Il y a/Il n'y a pas de* – Les prépositions : *sur, sous, dans, à côté de, devant, derrière*	– Le futur proche (affirmatif et négatif) – Le verbe *venir* – *Je voudrais* – *Est-ce que ?/Qu'est-ce que ?*
résenter sa famille	– Écrire une carte postale – Parler de ses activités	– Demander et indiquer l'heure – Parler de ses activités quotidiennes	– Dire où on habite – Décrire sa chambre, sa maison – Situer dans l'espace	– Téléphoner – Inviter, proposer – Demander poliment
– La vie de famille en rance – Civilisation : l'Histoire e France	Les régions de France	– Les grèves – Civilisation : quelques sites touristiques français	La chambre d'un ado français	– Civilisation : les fêtes françaises (traditionnelles ou populaires)
'opposition [s] / [z]	L'opposition [y] / [u]	L'opposition [ʃ] / [ʒ]	Les oppositions [f] / [v], [b] / [p], [b] / [v]	Les voyelles nasales
– Convivialité : les relations parents/ enfants – frères/sœurs – Interculturel : quelques familles françaises célèbres	Interculturel : les loisirs des ados français, les vacances, les classes de découverte	– Société : la grève – Interculturel : la journée d'un adolescent français	Interculturel : les changements dans la vie (déménagements, emménagements)	– Convivialité : l'entraide et la collaboration, la demande polie – Interculturel : les fêtes françaises
– Le pluriel des verbes *avoir, être* et des verbes en *-er* – Les pronoms personnels sujets – La description physique – La question intonative – *Qui est-ce ?* – *Tu / vous*	– La famille – Les conjugaisons – Les adjectifs possessifs	– La conjugaison des verbes en *-er* – Les nombres de 1 à 20 – Les activités de loisirs	– *Où ?* – Les adjectifs possessifs – La conjugaison des verbes en *-er* – Les pronoms *moi, toi* – La négation avec *pas de*	– Le verbe *aller* – Les nombres – Les jours de la semaine

Les actes de parole pp. 107 à 109   **Précis grammatical** pp. 110 à 114

Salut ! Ça va ?

Dialogue 1

UNE JOLIE FILLE.	– Salut Thomas, ça va ?
THOMAS.	– Oui, ça va et toi ?
LA JOLIE FILLE.	– Ça va. Bon, ben... Salut !
THOMAS.	– Salut !

Dialogue 2

RÉMI.	– Oh ! Pardon monsieur ! Bonjour.
LE DIRECTEUR.	– Ah ! Rémi, bonjour ! Ça va ?
RÉMI.	– Oui, oui, ça va... Et vous ?
LE DIRECTEUR.	– Ça va, merci ! Au revoir !
RÉMI.	– Au revoir !

Observe les dessins

1 Où est la ?

2 À ton avis, qu'est-ce que c'est ?
a. Une école.
b. Un club pour les jeunes.

Tu comprends ?

Dialogue 1

3 Écoute. Trouve le mot pour dire :

1.   2.

Dialogue 2

 **4** Écoute et associe.

1.

2.

3.

4.

a. Pardon ! c. Au revoir !
b. Bonjour ! d. Merci !

Mes mots

5 Observe les dialogues et complète.

Dialogue 1	Dialogue 2
...	Bonjour.
...	Ça va... et vous ?
Salut !	...

6 Associe.

1. 2.

a. cinéma b. journalisme

À toi !

7 Choisis une situation et salue un(e) camarade.

Salut Léon, ça va ?

Ça va, et toi ?

Ça va. Salut !

Bonjour ! Ça va ?

Ça va, merci, et vous ?

Oui, oui. Au revoir.

Situation A   Situation B

En classe

Dialogue 1

THOMAS. – Madame, s'il vous plaît ? Je ne comprends pas.

LA PROF. – Regarde au tableau.

Dialogue 2

LA PROF. – Thomas... Thomas !

THOMAS. – Pardon. Oui ?

LA PROF. – Lis, s'il te plaît !

THOMAS. – Oui, d'accord.

Dialogue 3

LA PROF. – Qu'est-ce que c'est ?

L'ÉLÈVE. – C'est un livre.

LA PROF. – C'est un livre de français ?

L'ÉLÈVE. – Non, c'est une BD.

LA PROF. – Bon, écoute et écris !

Observe les dessins

1 Où ils sont ?

a. À l' école.

b. À la Maison des Jeunes.

Tu comprends ?

2 Écoute et associe.

a. Lis, s'il te plaît !

b. Écoute et écris.

c. Je ne comprends pas.

d. Regarde au tableau.

• Dialogue 1
• Dialogue 2
• Dialogue 3

3 Trouve ce que Thomas dit.

a. Pardon.

b. Je ne comprends pas.

c. Non, c'est une BD.

4 Observe et associe.

a. Lis.   b. Écoute.   c. Écris.   d. Regarde.

1.   2.   3.   4.

 5 Écoute et mime les consignes.

6 Mime une consigne. Ton/ta camarade devine la consigne.

Mes mots

 7 Observe et écoute.

a. un garçon   b. une fille

c. un livre   d. une cassette

e. un tableau   f. un stylo

g. une BD   h. une école

GRAMMAIRE
Les articles indéfinis
8 Classe les mots de l'exercice 7 dans le tableau.

Un	Une
un garçon	une fille
un ...	une ...

 9 Écoute. Qu'est-ce que c'est ?
Exemple :

C'est un livre !

À toi !

10 Choisis un objet dans la classe et joue avec un(e) camarade !

Qu'est-ce que c'est ?

C'est un livre !

L'alphabet

1 Écoute et chante.

A B C D E Écoute bien ce jeu !

F G H I J Et joue, toi aussi.

K L M N O Observe ! Oui, bravo !

P Q R S T Tu comprends, ok ?

U V W Oui, c'est l'alphabet.

X Y et Z À toi, s'il te plaît !

2 Associe.
a. « **Écoute** bien ce jeu ! »
b. « Et **joue**, toi aussi ! »
c. « **Observe** ! Oui, bravo ! »
d. « **Tu comprends**, OK ?»

N'oublie pas !

é	« e » accent aigu
è	« e » accent grave
ê	« e » accent circonflexe
ç	« c » cédille
ll	2 « l »

3 Écoute et écris.

4 Épèle les mots suivants.
a. garçon
b. stylo
c. écoute
d. football

À toi !

5 Avec un(e) camarade, joue à la dictée de mots.

1.

2.

3.

4.

UNITÉ 1

Je suis fan !

GRAMMAIRE

Les pronoms personnels sujets
Le verbe *s'appeler*
Le verbe *être*
Qui est-ce ?
Voilà

Atelier journalisme

1

2

3

NICO.	– Bonjour à tous !
TOUS.	– Bonjour !
NICO.	– Je m'appelle Nicolas, je suis journaliste. Alors, toi, comment tu t'appelles ?
MAÏA.	– Je m'appelle Maïa.
RÉMI.	– Moi, c'est Rémi, et...
ZOÉ.	– Et moi, je m'appelle Zoé !
NICO.	– Oui, qui est-ce ?
THOMAS.	– Euh, c'est Thomas Crouse...
RÉMI.	– Tom Cruise ?
NICO.	– Entre.
RÉMI.	– Tu es acteur ?
THOMAS.	– Non, je m'appelle Thomas Crouse : C - R - O - U - S - E !
NICO.	– Salut Thomas ! Moi c'est Nico. Voilà Rémi, Zoé et Maïa.
ZOÉ.	– Moi, je suis fan de Tom Cruise !

Observe les documents

1 Observe et réponds.

a. C'est un atelier de :

1. cinéma.
2. journalisme.

b. À ton avis, qui est-ce ?

b. Nico est :
1. journaliste.
2. acteur.

Tu comprends ?

2 Écoute et trouve la bonne réponse.

a. Les personnages s'appellent :

1. Maïa ou Ana ?
2. Denis ou Rémi ?
3. Andréa ou Thomas ?
4. Chloé ou Zoé ?

3 Écoute. Vrai ou faux ?

a. salut = bonjour
b. Nico = Nicolas
c. Zoé est fan de Brad Pitt.
d. Thomas est un prénom, et Crouse est un nom.

4 Qui dit quoi ? Écoute et associe.

a. Zoé	**1.** Je suis journaliste.
b. Rémi	**2.** C-R-O-U-S-E.
c. Thomas	**3.** Je suis fan de Tom Cruise !
d. Nico	**4.** Tu es acteur ?

Mes mots

8 Écoute et chante.

Un, deux, trois, je m'appelle Benoît.
Quatre, cinq, six, et moi, c'est Alice.
Sept et huit, tu t'appelles Judith.
Neuf et dix, et toi, c'est Yanis !

9 À deux, jouez à la dictée de nombres.

À toi !

10 Présente-toi à la classe et pose une question à un(e) camarade.

GRAMMAIRE

Les verbes « s'appeler » et « être »

5 Remets les mots dans l'ordre et fais deux phrases.

journaliste.   Nicolas.

m'   Je   appelle

suis   Je

6 Écoute et observe.

Le verbe *s'appeler*	Le verbe *être*
Je **m'appelle** Nico.	Je **suis** journaliste.
Tu **t'appelles** Thomas.	Tu **es** acteur.

→ *Entraîne-toi page 16.*

7 Complète.

a. Je ... Maïa.
b. Je ... acteur.
c. Tu ... journaliste.
d. Tu ... Zoé.

FAN CLUB

Bonjour,
je m'appelle Thomas.
Voilà Vanessa Paradis,
elle est actrice et
chanteuse. Elle est aussi
mannequin.

Coucou ! Moi c'est Maïa.
Je suis fan de Lorie, la chanteuse.
Le vrai prénom de Lorie, c'est Laure.

Salut,
je m'appelle Zoé !
Moi, je suis fan
de Tom Cruise.
Il est acteur.

Salut,
je m'appelle Rémi !
Voilà Thierry Henry.
Il est joueur de football.

Et toi ? Tu es fan
de Céline Dion, Alizée,
Johnny Depp ?
Complète la fiche « Fan Club »
pour gagner un poster !

Je suis fan de

Prénom :

Nom :

Profession :

Je m'appelle

Ma
photo

Prénom :

Nom :

Adresse :

Observe les photos

1 Tu connais ces stars ?

Tu comprends ?

2 Vrai ou faux ?
a. Rémi est joueur de football.
b. Lorie s'appelle aussi Laure.
c. Thomas est fan de Thierry Henry.
d. Vanessa Paradis est mannequin.

GRAMMAIRE

Les pronoms personnels « il » et « elle »

3 Écoute.

• Lève le panneau A quand tu entends **ELLE**.

• Lève le panneau B quand tu entends **IL**.

4 À ton avis, quand est-ce qu'on utilise *il* et quand est-ce qu'on utilise *elle* ?

5 Choisis *il* ou *elle*.
a. C'est Laetitia Casta, *il / elle* est mannequin.
b. Je suis fan de Johnny Depp, *il / elle* est acteur.
c. Voilà Britney Spears, *il / elle* est chanteuse.
d. C'est Zinedine Zidane, *il / elle* est joueur de foot.

Les verbes « s'appeler » et « être »

6 Écoute et observe.

Le verbe *s'appeler*	Le verbe *être*
Il **s'appelle** Thierry.	Il **est** joueur de football.
Elle **s'appelle** Laure.	Elle **est** chanteuse.

➤ *Entraîne-toi page 16.*

7 Présente les personnages.

a.
Je m'appelle Nico, je suis journaliste.

 Il ..., il ...

b.
Je suis chanteuse, je m'appelle Alizée.

 Elle ..., elle ...

Mes mots

8 Associe.
a. Il est joueur de foot.
b. Il est chanteur.
c. Il est acteur.
d. Elle est mannequin.
e. Elle est chanteuse.
f. Elle est actrice.

1.

2.

3.

4.

5.

6.

À toi !

9 Reproduis et complète la fiche « Fan Club » de la page 14.

10 Présente une star à la classe.

C'est Léon, il est joueur de foot.

Voilà Théo, il est acteur.

Atelier langue

GRAMMAIRE

Le verbe « s'appeler »

S'appeler	
Singulier	**Je m'appelle**
	Tu t'appelles
	Il/Elle s'appelle
Pluriel	Nous nous appelons
	Vous vous appelez
	Ils/Elles s'appellent

1 Complète avec -*e* ou -*es*.

a. Je m'appell... Thomas.　**c.** Tu t'appell... Zoé.

b. Il s'appell... Rémi.　**d.** Elle s'appell... Maïa.

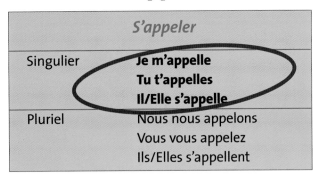 **2** Écoute. Comment se prononce le verbe à la deuxième personne du singulier ?

3 Complète avec un pronom personnel sujet.

a. Bonjour ! ... vous appelez comment ?

b. ... nous appelons Judith et Émilie.

c. Et toi, ... t'appelles comment ?

d. Moi, ... m'appelle Sarah.

4 Complète les verbes.

a. Salut les garçons ! Nous nous appel... Alice et Élodie.

b. Et vous, vous vous appel... comment ?

c. Bonjour ! Nous, nous nous appel... Paul et Alexandre.

d. Ah non ! Ils s'appell... Tom et Pierre !

5 Associe pour construire des phrases. Recopie les phrases dans ton cahier.

Je		
Tu	s'appelle	
Il	vous appelez	Jean
Elle	m'appelle	Marie
Nous	s'appellent	Jeanne et Zoé
Vous	t'appelles	Pierre et Jules
Ils	nous appelons	
Elles		

Le verbe « être »

Être	
Singulier	**Je suis**
	Tu es
	Il/Elle est
Pluriel	Nous sommes
	Vous êtes
	Ils/Elles sont

6 Associe.

a. Je	**1.** est chanteur.
b. Tu	**2.** êtes joueurs de foot.
c. Il	**3.** suis joueur de football.
d. Elle	**4.** sont mannequins.
e. Nous	**5.** es chanteuse.
f. Vous	**6.** sommes journalistes.
g. Ils	**7.** est actrice.
h. Elles	**8.** sont actrices.

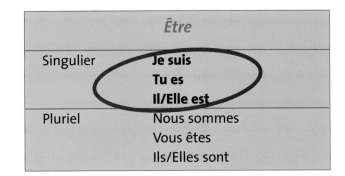 **7** Écoute. Comment se prononce le verbe à la deuxième et à la troisième personne du singulier ?

8 Complète avec un pronom personnel sujet ou avec le verbe *être*.

a. Je ... fan d'Amélie Mauresmo.

b. Nicolas ... journaliste. ... est à la Maison des Jeunes.

c. Tu ... actrice ou chanteuse ?

d. Nicolas et Maïa ... à l'atelier de journalisme. .... saluent Thomas.

e. ... sommes journalistes.

9 Retrouve la forme verbale qui convient.

a. Voici Zoé, elle **est / es** fan de Tom Cruise.

b. Salut ! Moi, je **m'appelle / m'appelles** Igor. Et je **suis / est** fan de Fabien Barthez !

c. Et vous, vous **êtes / est** aussi fan de Fabien Barthez ?

d. Non, nous, nous **sommes / sont** fans de Michael Jordan.

Question/Réponse

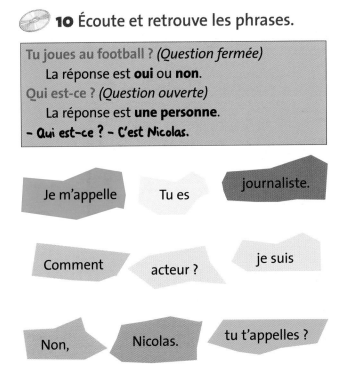

10 Écoute et retrouve les phrases.

> Tu joues au football ? *(Question fermée)*
> La réponse est **oui** ou **non**.
> Qui est-ce ? *(Question ouverte)*
> La réponse est **une personne**.
> **- Qui est-ce ? - C'est Nicolas.**

Je m'appelle Tu es journaliste.

Comment acteur ? je suis

Non, Nicolas. tu t'appelles ?

11 Recopie les phrases complètes de l'exercice 10 dans ton cahier.

Questions	Réponses
Comment ... ?	Je ...
Tu ... ?	Non, ...

12 Virus informatique !
Réécris le texte.

> De : Rémi
>
> Objet : Salut !
>
> Salut !
> Je #µ^a±*# Rémi. Je #µ^a±*# journaliste à la Maison des Jeunes, c'est super ! Et toi, comment tu t'#µ^a±*# ? Tu #µ^a±*# journaliste aussi ? Je #µ^a±*# fan de Thierry Henry, il #µ^a±*# joueur de foot. Et toi ?
> Salut !
> Rémi

13 Trouve la question.

a. ... → Elles s'appellent Elsa et Laetitia.

b. ... → C'est Lara Fabian, elle est chanteuse.

c. ... → Non, nous sommes musiciens.

d. ... → Non, elle est fan de Laure Manaudou !

e. ... → Je m'appelle Hélène.

f. ... → Oui, ça va !

PHONÉTIQUE

Affirmation ou question ?

14 Écoute et complète avec « . » ou « ? ».

a. Je m'appelle Théo

b. Tu t'appelles Thomas

c. Vanessa Paradis est mannequin

d. Lorie est chanteuse

e. Thierry Henry est joueur de foot

f. Nicolas est journaliste

15 Lis les phrases suivantes avec l'intonation.

a. Elle est chanteuse ou actrice ?

b. Elle est chanteuse et actrice.

c. Il s'appelle Michel.

d. Il s'appelle Michel ?

16 Prépare une affirmation ou une question et joue avec la classe.

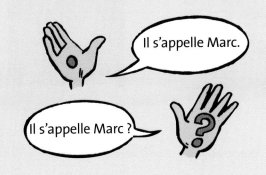

Il s'appelle Marc.

Il s'appelle Marc ?

Communique

1 Remets le dialogue dans l'ordre.

a. – Oui, ça va. Sophie est à l'atelier de cinéma ?

b. – Salut Christine !

c. – Bon, ben... merci ! Au revoir Pierre !

d. – Ça va ?

e. – Et Nicolas ?

f. – Bonjour Pierre !

g. – Oui, elle est à la Maison des Jeunes.

h. – Il est à l'atelier de journalisme.

1 *b*	2...	3...	4...	5...	6...	7...	8...

2 Trouve la ou les réponse(s) possible(s).

a. Comment ça va ?
   1. Bonjour.
   2. Tchao.
   3. Bien, merci.

b. Salut ! Je m'appelle Thomas et toi ?
   1. Salut ! Tu t'appelles Jérôme.
   2. Salut ! Je m'appelle Laure.
   3. Salut ! Moi, c'est Pierre.

c. Hélène, tu es fan de cinéma ?
   1. Oui, je suis actrice.
   2. Oui, je suis acteur.
   3. Non, je suis chanteuse.

3 Choisis les mots qui conviennent.

a. Rémi : **Bonjour / Au revoir** Zoé, **ça va / alors** ?
   Zoé : **Pardon / Salut** Rémi, ça va. Et **toi / vous ?**

b. Le professeur : **Bonjour / Salut**, monsieur le directeur. **Ça va / Vous allez bien** ?
   Le directeur : Bien, **pardon / merci**. Et **toi / vous ?**

4 Qui est-ce ? Présente les stars.

joueur de foot – acteur – mannequin – chanteuse

Thierry Henry

Claudia Schiffer

Anastacia

Brad Pitt

a. *C'est Thierry Henry.*
Il est joueur de foot.

b. ...
Elle ...

c. ...
Elle ...

d. ...
Il ...

BD : Les taupes

Tony et Alberto, Tome 2,
Alberdog, Dab's
© Éditions Glénat 2001

1 Lis la BD et réponds.

a. Qui est-ce ? Associe.

1.	a. C'est un renard.	
	b. C'est un chien.	A. Elle s'appelle Pétrouchka.
2.	c. C'est une taupe.	B. Il s'appelle Alberto.

b. Trouve les expressions pour dire :

1. Je m'appelle. = ...

= ...

2. Voilà... = ...

c. À ton avis, que veut dire « enchanté(e) » ?

2 Par groupe de trois, présentez-vous comme dans la BD.

Portrait de Stars

Qui est-ce ?

1 À l'aide des indices ★,
fais deviner à ton/ta voisin(e)
les personnalités françaises.

2 Johnny Halliday

1 Gérard Depardieu

Notre-Dame de Paris

A

B

4 Jean Alesi

3 Yannick Noah

(C)

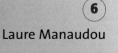

(5) Hélène Segara

(6) Laure Manaudou

(7)
Laeticia Casta

(8)
Franck Ribéry

(D)

2 Qui est-ce ?
(Aide-toi des noms qui restent !)

a. Je suis chanteur, je m'appelle ...

b. Je suis chanteur et joueur de tennis, je m'appelle ...

c. Je suis pilote de Formule 1, je m'appelle ...

d. Je suis nageuse, je m'appelle ...

3 Quelles sont les personnalités de ton pays ?

Fais le point

DELF
A1

Compréhension orale

1 Écoute. Vrai ou faux ?
a. Il s'appelle Michel, il est chanteur.
b. Il s'appelle Gabriel, il est acteur.
c. Elle s'appelle Michèle, elle est chanteuse.
d. Elle s'appelle Gabrielle, elle est chanteuse.

Compréhension écrite

Je suis fan de
Prénom : **Orlando**
Nom : **Bloom**
Profession : **acteur**

Je m'appelle
Prénom : **Élodie**
Nom : **Caron**
Adresse : **7, rue des Fleurs, 75002 Paris**

2 a Observe la fiche. Complète.
1. ... est fan de Orlando Bloom.
2. Orlando Bloom est ...
3. ... est un nom et Élodie est un ...

2 b Retrouve la phrase.
1. JesuisfandeTomCruise.
2. VoilàThierryHenryilestjoueurdefoot.
3. SalutnousnousappelonsNicolasetMichelettoicomment
tut'appelles ?

Expression orale

3 À deux ou trois, jouez une situation.

a.   b.

Expression écrite

4 Comme à la page 14, écris au magazine
pour présenter une star.

Mes mots

Professions de stars	Présentations	Salutations
Un chanteur	Prénom	Bonjour
Une chanteuse	Nom	Salut
Un joueur	Moi	Enchanté(e)
Une joueuse	Toi	Ça va ?
Un acteur	Voilà	
Une actrice	Qui est-ce ?	
Un mannequin	C'est	
Un(e) journaliste	S'appeler	
	Être	

UNITÉ 2
Spécial collège

Parle de tes goûts
pp. 24-25

Présente ton emploi du temps
pp. 26-27

BD Titeuf à l'école
p. 31

Voici la France !
pp. 32-33

GRAMMAIRE

Les articles définis : *le, la, l', les*
Les verbes en *-er*
Le verbe *avoir*
Le pronom personnel *on*
Qu'est-ce que... ?

Tu aimes l'école ?

MAÏA. – Salut, c'est un sondage pour la MJ !

UNE FILLE. – Salut !

MAÏA. – Comment tu t'appelles ?

UNE FILLE. – Émilie.

MAÏA. – Émilie, tu aimes l'école ?

ÉMILIE. – Oui !

THOMAS. – Qu'est-ce que tu aimes à l'école ?

ÉMILIE. – J'adore le français, j'aime l'histoire-géo, les maths, et...

RÉMI. – Elle aime les maths ! C'est bizarre les filles ! Moi, je déteste les maths et j'adore la récré !

ZOÉ. – Rémi ! Chut !...

ÉMILIE. – Et... j'adore le ski...

RÉMI. – Le ski ? Au collège ?

ÉMILIE. – Oui, je suis élève au collège sport-études...

RÉMI. – C'est super !

THOMAS. – Et qu'est-ce que tu détestes ?

ÉMILIE. – Je déteste la cantine.

RÉMI. – Ah oui, moi aussi ! La cantine !!! Quelle horreur !

Observe les documents

1 Observe et réponds.

C'est un sondage sur :

a. l'école.

b. la Maison des Jeunes.

c. le français.

Tu comprends ?

2 Écoute et associe.

1. Je déteste.   2. J'aime.   3. J'adore.

a.   b. ♥   c. ✖✖

3 Écoute et trouve la bonne réponse.

a. Pour Rémi, les filles :

  1. C'est super !

  2. C'est bizarre !

  3. Quelle horreur !

b. Émilie adore :

  1. le français et le ski.

  2. la cantine et les maths.

  3. les maths et la récré.

4 Écoute. Qu'est-ce que Rémi adore et qu'est-ce qu'il déteste ?

ORAL

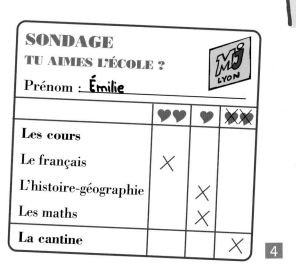

SONDAGE

TU AIMES L'ÉCOLE ?

Prénom : _Émilie_

	♥♥	♥	✗✗
Les cours			
Le français	✗		
L'histoire-géographie		✗	
Les maths		✗	
La cantine			✗

4

La question avec « Qu'est-ce que... ? »

7 Observe et associe.

Questions	Réponses
a. Tu aimes l'école ?	**1.** Oui.
	2. J'aime les maths.
b. Qu'est-ce que tu aimes à l'école ?	**3.** J'adore le français.
	4. Non.

➤ _Entraîne-toi page 28._

GRAMMAIRE
Les articles définis

5 a Lis le dialogue et associe.

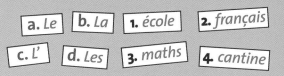

a. _Le_   **b.** _La_   **1.** _école_   **2.** _français_

c. _L'_   **d.** _Les_   **3.** _maths_   **4** _cantine_

5 b Classe les mots dans le tableau.

Les articles définis		
Masculin **Le / L'**	Féminin **La / L'**	Pluriel **Les**
...	...	...

➤ _Entraîne-toi page 28._

N'oublie pas !

le/la + voyelle ou h muet = l'
l'école

Les verbes en « -ER »

6 Observe la conjugaison du verbe _aimer_ et complète.

Le verbe _aimer_	Le verbe _adorer_	Le verbe _détester_
J'_aime_ les maths.	J'**adore**	Je ...
Qu'est-ce que tu _aimes_ ?	Tu ...	Tu **détestes**
Elle _aime_ les maths.	Il/Elle ...	Il/Elle ...

➤ _Entraîne-toi page 28._

N'oublie pas !

je + voyelle ou h muet = j'
j'aime

Mes mots

8 Trouve les mots et associe.

larécrélesmathslefrançaisl'histoirelagéographielacantine

a. la récré   **b.** ...   **c.** ...   **d.** ...   **e.** ...   **f.** ...

À toi !

9 Interroge un(e) camarade.
Qu'est-ce qu'il/elle aime à l'école ?
Qu'est-ce qu'il/elle déteste ?

Qu'est-ce que tu aimes à l'école ?

J'adore la cantine.

Reportage

Le collège sport-études de Modane

Émilie adore le sport. Elle a cours au collège sport-études de Modane dans la classe « spécial ski ». Reportage.

••• Qu'est-ce que c'est la classe « spécial ski » ?

« On a cours de maths, français, anglais, musique, etc. Mais le mercredi et le vendredi, c'est spécial : on a trois heures de sport. Moi, j'ai cours de ski, c'est génial ! »

Émilie adore le mercredi et le vendredi !

La classe d'Émilie est super, les profs et les copains aussi. La semaine, Émilie habite au collège de Modane, et, le week-end, elle est à Lyon.

■ par Maïa

Toi aussi tu as cours dans une classe spéciale ? **Écris au « Mag' ! »**

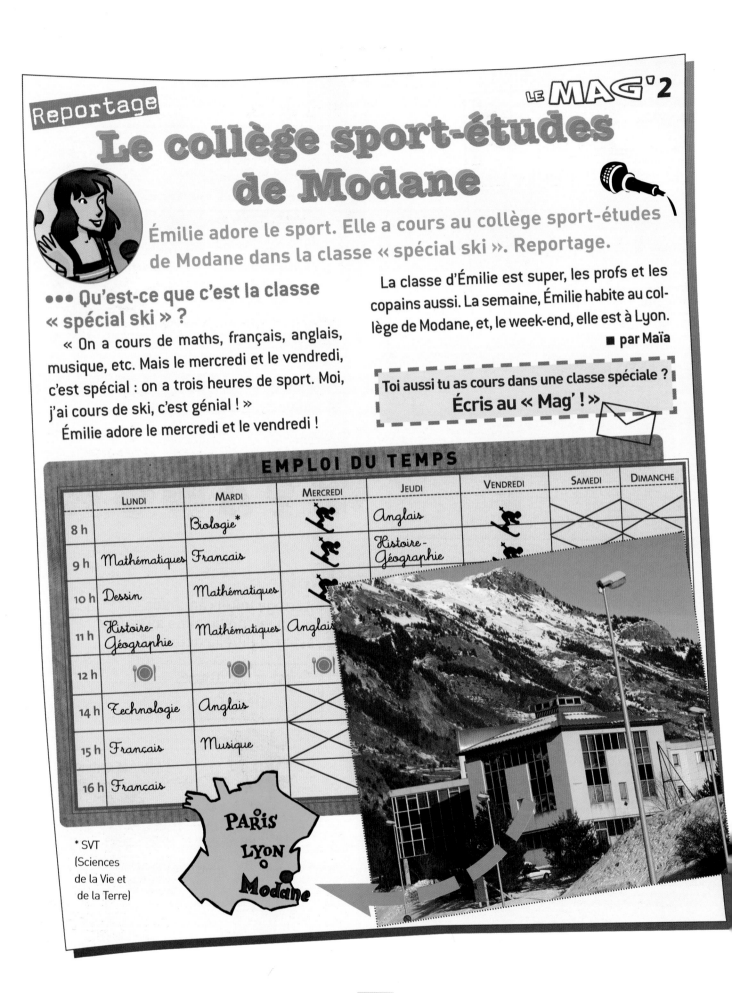

EMPLOI DU TEMPS

	LUNDI	MARDI	MERCREDI	JEUDI	VENDREDI	SAMEDI	DIMANCHE
8 h		Biologie*	🎿	Anglais	🎿		
9 h	Mathématiques	Français	🎿	Histoire-Géographie	🎿		
10 h	Dessin	Mathématiques	🎿				
11 h	Histoire-Géographie	Mathématiques	Anglais				
12 h	🍽	🍽	🍽				
14 h	Technologie	Anglais					
15 h	Français	Musique					
16 h	Français						

* SVT (Sciences de la Vie et de la Terre)

PARIS

LYON

Modane

Observe les documents

1 C'est un reportage sur :

a. Modane.

b. le ski.

c. le collège d'Émilie.

2 Observe la carte. Où est le collège d'Émilie ?

a. À Lyon.   **b.** À Modane.   **c.** À Paris.

Tu comprends ?

3 Vrai ou faux ?

a. Émilie est dans une classe spéciale.

b. Émilie adore le jeudi et le vendredi.

c. La classe d'Émilie est super.

d. Émilie a une heure de maths le lundi.

e. Émilie a une heure de ski le mercredi.

4 Retrouve dans le texte l'expression pour dire :

C'est super ! = ...

GRAMMAIRE

Le verbe « avoir »

5 Observe le texte et complète avec le verbe *avoir*.

a. J'... cours de ski.

b. Toi aussi tu ... cours dans une classe spéciale ?

c. Elle ... cours au collège de Modane.

d. On ... trois heures de sport.

Le verbe *avoir*	
J'	**ai**
Tu	**as**
Il/Elle/On	**a**

→ *Entraîne-toi page 29.*

Le pronom « on »

6 Observe la phrase et trouve la réponse.

Émilie dit : « **On** a cours de maths. »

a. on = elle   **b.** on = je   **c.** on = je + les copains

Mes mots

7 Écoute et chante.

Lundi c'est technologie.

Mardi c'est biologie !

Mercredi j'adore le ski !

Jeudi c'est géographie.

Vendredi tout est fini !

Samedi c'est pour les amis.

Et dimanche, ça recommence !

8 Imagine une classe spéciale idéale.

Exemple :

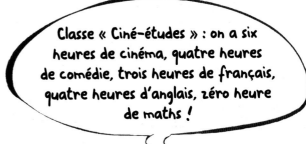

Classe « Ciné-études » : on a six heures de cinéma, quatre heures de comédie, trois heures de français, quatre heures d'anglais, zéro heure de maths !

À toi !

9 Écris l'emploi du temps d'un(e) camarade de cette classe spéciale.

Qu'est-ce que tu as comme cours le mardi ?

Le mardi, j'ai anglais, sport, français...

Atelier langue

GRAMMAIRE

Les articles définis

Les articles définis		
Masculin	Féminin	Pluriel
Le / L'	La / L'	Les
Attention ! le/la + voyelle ou h muet = l' (l'école)		

1 Complète avec *le, la, l'* ou *les.*

a. J'aime ... récré.

b. ... samedi, Émilie et Victor sont à Lyon.

c. Je déteste ... maths.

d. Au collège de Modane, ... élèves adorent ... cours de sport ... mercredi et ... vendredi.

e. Zoé adore ... français.

f. ... histoire, c'est super !

2 Écoute. Lève le panneau A si tu entends « le » et le panneau B si tu entends « les ».

3 Trouve le mot. Recopie le mot dans ton cahier avec l'article défini.

a. ...   b. ...   c. ...

Les verbes en « -ER »

	Aimer	Détester
Singulier	J'aime	Je déteste
	Tu aimes	Tu détestes
	Il/Elle/On aime	Il/Elle/On déteste
Pluriel	Nous aimons	Nous détestons
	Vous aimez	Vous détestez
	Ils/Elles aiment	Ils/Elles détestent

N'oublie pas !

je + voyelle ou h muet = j'

4 Conjugue les verbes.

« Salut ! Comment tu (s'appeler) ... ?

– Marie.

– Tu (habiter) ... à Modane ?

– Moi non, mais voilà Émilie, elle (habiter) ... à Modane.

– Émilie, tu es au collège sport-études ?

– Oui. Et j'(adorer) ... le collège.

– Et toi Marie, tu (aimer) ... l'école ?

– Non, je (détester) ... l'école. »

5 Associe.

a. J'		**1.** étudie à Lyon.
b. Nous		**2.** s'appellent Zoé et Maïa.
c. Elles		**3.** aimez le journalisme ?
d. Je		**4.** préférons le français.
e. Vous		**5.** déteste la cantine.

6 Complète avec les verbes *habiter, aimer* (2), *détester, s'appeler, préférer, être.*

a. Bonjour ! Je ... Éric. Et toi ?

b. Nous ... en 5ᵉ au collège.

c. Tu ... le sport mais tu ... les maths.

d. Lisa ... à Marseille.

e. Marie ... l'anglais mais elle ... le français.

La question avec « Qu'est-ce que... ? »

7 Trouve les questions.

a. – ... ? – J'adore les maths.

b. – ... ? – Je déteste la cantine !

c. – ... ? – J'aime la récré.

d. – ... ? – Nous préférons la géographie.

e. – ... ? – Elles étudient les maths.

8 Associe.

a. C'est un livre de français ?	**1.** C'est Carla Bruni.
b. Qu'est-ce que c'est ?	**2.** Le dessin.
c. Qui est-ce ?	**3.** Non, c'est un livre de biologie.
d. Tu aimes la biologie ?	
e. Qu'est-ce que tu détestes ?	**4.** Oui, j'adore !
	5. C'est un stylo.

GRAMMAIRE

Le verbe « avoir »

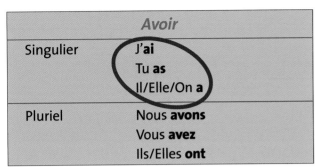

	Avoir
Singulier	J'**ai**
	Tu **as**
	Il/Elle/On **a**
Pluriel	Nous **avons**
	Vous **avez**
	Ils/Elles **ont**

9 Écoute et choisis *ai*, *as* ou *a*.

a. ai/as/a **b.** ai/as/a **c.** ai/as/a

10 Complète avec le verbe *avoir*.

a. J'... cours de ski le mercredi.

b. Nous ... cours de sciences le lundi et le vendredi.

c. Tu ... des profs sympas ?

d. Vous ... un stylo, s'il vous plaît ?

e. On ... deux heures de sport.

f. Rémi ... cours de maths le lundi.

11 a Quelle différence de prononciation entends-tu entre : *Ils sont* et *Ils ont* ?

11 b Associe.

a. ils sont **1.** [z]

b. ils ont **2.** [s]

12 *Être* ou *avoir* ? Complète les phrases.

a. Maïa et Zoé ... journalistes.

b. Rémi ... des copains sympas.

c. Émilie ... élève au collège de Modane.

d. Émilie : « Le lundi, j'... cours de dessin. »

Les pronoms personnels

N'oublie pas !

> je + les copains = on = nous

13 Associe.

a. Avec les copains, nous adorons la récré.

b. Elle a cours au collège.

c. Il déteste l'école.

d. On a maths lundi ?

14 Complète avec un pronom personnel sujet.

a. ... habites à Lyon ?

b. Moi, ... adore le vendredi.

c. Dans le collège, ... avons la cantine.

d. Maïa habite à Lyon, ... est en cours avec Rémi.

e. Le week-end, ... habitez à Modane ?

f. Le prof de géographie et la prof d'histoire s'appellent Michel et Annie. ... sont sympas !

g. Elle aime l'anglais mais moi ... déteste.

15 Mets les mots dans l'ordre pour faire des phrases.

a. le | Il | sport | adore

b. au | Elles | sont | collège Saint-Exupéry | élèves

c. déteste | Elle | les | maths

d. Bourges | habitent | à | Ils

e. Jérôme et Alice | préfère | le tennis | Marie | mais | le ski | aiment

PHONÉTIQUE

16 Écoute et chante.

Histoire, géographie
Mathématiques, musique
Au *collège*, **pas de panique !**
Les profs sont bien sympathiques !
La prof de *géographie*,
Elle s'appelle Madame **Pays**,
On aime Monsieur *Numérique*,
Le prof de *mathématiques*
Et puis Monsieur Symphonique,
Le super prof de *musique*.
Et c'est qui la prof d'histoire ?
Génial, c'est Madame *Mémoire* **!**

17 Lis et entoure les « e » que tu n'entends pas.

a. géographie **c.** mathématiques

b. musique **d.** histoire

18 Cherche dans la chanson les « e » que tu n'entends pas.

1 Associe puis dis si tu aimes ces sports ou non.

a. le tennis   **b.** le cyclisme   **c.** la natation   **d.** le football   **e.** le rugby   **f.** la boxe

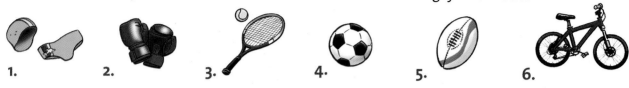

1.   **2.**   **3.**   **4.**   **5.**   **6.**

2 Recopie le tableau dans ton cahier et pose des questions à tes camarades :
Qu'est-ce qu'ils aiment ? Qu'est-ce qu'ils détestent ?

	Prénom 1 : ...			Prénom 2 : ...			Prénom 3 : ...		
	aime	adore	déteste	aime	adore	déteste	aime	adore	déteste
• le football	...	...	...	...	...	...	...	...	...
• le basket-ball	...	...	...	...	...	...	...	...	...
• le tennis	...	...	...	...	...	...	...	...	...
• le cyclisme	...	...	...	...	...	...	...	...	...
• la danse	...	...	...	...	...	...	...	...	...
• le judo	...	...	...	...	...	...	...	...	...

[SONDAGE SUR LE SPORT]

3 Associe les expressions aux bulles.

a. Merci !   **b.** C'est super !   **c.** Bravo !   **d.** Quelle horreur !

1.   **2.**   **3.**   **4.**

4 Recopie le tableau dans ton cahier.
Trouve les jours de la semaine et l'emploi du temps de Jérôme.

« Salut ! Je m'appelle Jérôme.
J'adore l'école ; j'ai cours seulement le matin !
Le lundi et le vendredi, j'ai deux heures
de français. J'ai un cours de SVT, un cours de
maths et un cours d'histoire le jeudi. Le mardi,
on a cours de musique et trois heures d'anglais.
Mais le mercredi, on a trois heures de sport ! »

EMPLOI DU TEMPS						
	lundi	...	...	...	...	...	dimanche
8-9 h		...	...	...			
9-10 h		...	...				
10-11 h	...	...	...	...			
11-12 h	...	...		...	...		

5 Par petit groupe, invente un personnage,
complète sa fiche, puis présente-le à ton/ta voisin(e).

Carte d'identité
• Nom : ...
• Prénom : ...
• Âge : ...
• Ville : ...
• Classe : ...
• Sport préféré : ...
• Matière préférée : ...
• Personnalité préférée : ...

Titeuf, Tome 7, Le Miracle de la vie, Zep
© Éditions Glénat 1998

1 Titeuf aime :
a. une fille. **b.** l'école. **c.** les cours de maths.

2 Trouve les expressions pour dire le contraire de :
C'est super **ff** …
Non **ff** …

3 Associe.
a. cours de géo
b. cours de maths
c. cours de gym
d. cours de travaux manuels

1. sport
2. mathématiques
3. technologie
4. géographie

Voici la France !

Tu connais bien la France ?
Joue pour tester tes connaissances !

1 Avec tes camarades, joue au Jeu de l'oie. Regarde les photos et trouve les réponses aux questions. Rejoue quand tu as la bonne réponse.

2 Tu connais d'autres symboles de la France ?

3 À toi ! Donne des symboles de ton pays.

Le coq gaulois : c'est le symbole de la France.

LE FROMAGE

LE MONT BLANC

DÉPART

1

2 Au petit déjeuner, on adore ça.

11 Retourne à la case dépa

REJOUE !

10

9 Il a trois couleurs.

LA POSTE

FRANCE

LAMOUCHE   ITVF   JUMELET

MARIANNE

LE DRAPEAU FRANÇAIS

LA MODE

LES CROISSANTS

LA TOUR EIFFEL

REJOUE !

4 On en mange tous les jours.

5 C'est le symbole de Paris.

On peut la voir dans les magazines ...

13 Passe ton tour.

STOP

6

Retourne à la case 2.

14 Sur les timbres-poste en France.

15 Arrivée BRAVO !

Il est le plus haut de France et d'Europe.

7 STOP Passe ton tour.

Fais le point

DELF
A1

Compréhension orale

1 Écoute et retrouve l'emploi du temps de Julien.

a. Lundi	Mardi	Mercredi
Mathématiques	Français	Mathématiques
Biologie	Français	Français
Géographie	Histoire-Géographie	Musique

b. Lundi	Mardi	Mercredi
Mathématiques	Français	Mathématiques
Biologie	Français	Anglais
Sport	Histoire-Géographie	Musique

c. Lundi	Mardi	Mercredi
Mathématiques	Anglais	Technologie
Biologie	Anglais	Anglais
Sport	Histoire-Géographie	Musique

Compréhension écrite

> De : « bastien@toronto.ca »
> À : « guillaume@paris.fr »
> Objet : coucou
>
> Salut !
> J'habite à Toronto et l'école, c'est génial ! J'ai cours le lundi, le mardi, le mercredi, le jeudi et le vendredi. Le samedi et le dimanche, c'est super : sport, ski... J'adore le Canada et le collège est sympa. Les profs aussi. Et toi, l'école, ça va ? Les copains, les cours, les profs ?
> Au revoir,
> Bastien

2 Lis le mél. Vrai ou faux ?

a. Bastien habite à Lyon.

b. Bastien adore le Canada.

c. Bastien aime le collège.

d. Bastien déteste les profs.

e. L'école de Bastien, c'est nul !

f. Bastien a cours le samedi et le dimanche.

Expression orale

3 Présente l'emploi du temps de Zoé : dis ce qu'elle aime et ce qu'elle déteste.

Exemple : **Zoé a cours de français le lundi et le mercredi. Elle aime le français.**

Lundi	Mardi	Mercredi	Jeudi	Vendredi
Français ♥	Biologie ✖	Musique ♥	Technologie ✖	Sport ♥
Mathématiques ✖	Anglais ♥	Français ♥	Histoire-Géographie ♥	Sport ♥

Expression écrite

4 Réponds au mél de Bastien. Présente ton emploi du temps, dis ce que tu aimes et ce que tu détestes.

Mes mots

Exprimer ses goûts
Aimer
Adorer
Détester
C'est super !
C'est génial !
Quelle horreur !
C'est nul !

À l'école
Le collège
Les cours
Les profs
La cantine

La récré
Les copains
Une heure de cours

Les matières scolaires
L'emploi du temps
Le français
L'anglais
Les maths
La biologie / S.V.T.
L'histoire
La géographie
Le sport

La musique
La technologie
Le dessin

Les jours de la semaine
Lundi
Mardi
Mercredi
Jeudi
Vendredi
Samedi
Dimanche

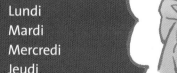

UNITÉ 3

Tous différents !

GRAMMAIRE

La négation *ne... pas*
L'accord des adjectifs : *masculin/féminin ; singulier/pluriel*
Les articles indéfinis : *un, une, des*
L'opposition article définis/articles indéfinis

Il est beau !

1

2

RÉMI. – Ouah ! Regarde Thomas, elle est belle la grande fille blonde sur la photo !

THOMAS. – Moi, je préfère la fille petite et mince...

RÉMI. – La fille rousse ?

NICO. – Bon, les garçons, on ne cherche pas une belle fille, on cherche un document sur le racisme !

ZOÉ. – Maïa et moi, on aime bien un garçon super beau ! Mais il n'est pas sur une photo, il est à la Maison des Jeunes !

THOMAS. – Ah oui ? Et il est comment ?

MAÏA. – Il n'est pas gros, il n'est pas petit...

ZOÉ. – Il n'est pas brun...

RÉMI. – Pfff ! C'est Nico !

NICO. – Bon, les filles...

RÉMI ET THOMAS. – On ne cherche pas un beau garçon ! On cherche un document sur le racisme !

Observe les documents

1 Observe l'affiche.
Le racisme c'est :
a. aimer les différences.
b. détester les différences.

2 Que regardent Thomas et Rémi ?
a. Une BD.
b. Un magazine.
c. Un livre.

Tu comprends ?

3 Écoute. Ils cherchent :
a. la photo d'une belle fille.
b. la photo d'un beau garçon.
c. un document sur le racisme.

4 Écoute et réponds.
Comment est Nico ?
a. Il est gros ou il n'est pas gros ?
b. Il est petit ou il n'est pas petit ?
c. Il est brun ou il n'est pas brun ?

ORAL

3

 **6** b Écoute et répète les phrases de l'ex. 6 a.

N'oublie pas !

+ e	Il est petit. → Elle est petit**e**.
-e → -e	Il est minc**e**. → Elle est minc**e**.
-s → -sse	Il est gro**s**. → Elle est gro**sse**.
-s → -se	Il est japonai**s**. → Elle est japonai**se**.
-x → -sse	Il est rou**x**. → Elle est rou**sse**.

Attention ! Il est **beau**. → Elle est **belle**.

➤ *Entraîne-toi page 40.*

GRAMMAIRE

La négation avec « ne ... pas »

5 Retrouve dans le dialogue
les phrases négatives.

Exemple : **Il est sur une photo.** → **Il n'est pas sur une photo.**

a. On cherche une belle fille. → ...

b. Il est gros. → ...

c. Il est brun. → ...

N'oublie pas !

Phrase affirmative	Phrase négative
sujet + verbe **Il est sur la photo.**	sujet + *ne/n'* + verbe + *pas* **Il n'est pas sur la photo.**

Attention ! **ne** + voyelle ou h muet = **n'**

➤ *Entraîne-toi page 40.*

L'accord des adjectifs (masculin, féminin)

6 a Complète avec les mots du dialogue.

Masculin : Il est ...	Féminin : Elle est ...
Il est grand.	**Elle** est grand**e**.
Il est blond.	...
...	**Elle** est brun**e**.
Il est petit.	...

Mes mots

7 Décris les personnages.

petit(e)
grand(e)
blond(e)
brun(e)
roux/rousse
mince
gros(se)
beau/belle

a. Il est ...

b. Elle est ...

c. Elle est ...

À toi !

8 Présente-toi à la classe et pose une
question à un(e) camarade.

DIFFÉRENTS ET COPAINS !

NOIRS OU BLANCS, TOI = MOI

FRANÇAIS OU ÉTRANGERS, UN COPAIN = UN COPAIN

Tu as quel âge ? Tu as entre 10 et 16 ans ?

Participe à la Semaine nationale contre le racisme.

Présente-toi et propose un slogan.

a. J'ai 11 ans et demi, je n'habite pas en France, j'habite à Tokyo. Ici, l'étrangère du collège, c'est moi ! À l'école, j'ai des copines japonaises. J'adore les copines de l'école ! Voici un slogan : « D'Afrique ou d'Amérique, d'Europe ou d'Asie, on est différentes et égales. »

Marion

tous différents tous égaux

b. Salut ! On a 13 ans et 14 ans, on est au collège. On a un prof africain, c'est le prof de maths, il est super sympa. Blancs ou noirs, on n'est pas différents ! Le racisme, c'est nul !
Le slogan de la classe, c'est : « Noirs ou blancs, petits ou grands, roux ou bruns, tous copains ! »

Paul et Martin

Observe les documents

1 C'est un document sur :
a. le racisme.   **b.** l'école.   **c.** les stars.

2 Retrouve les trois slogans de l'affiche.

Tu comprends ?

3 Lis les lettres. Vrai ou faux ?
a. Marion habite en France.
b. À l'école, Marion a seulement des copines françaises.
c. Le prof de maths de Paul et Martin est sympa.

4 Associe.
a. On est différentes et égales.
b. Noirs ou blancs, roux ou bruns, tous copains.

1.

2.

GRAMMAIRE
Les articles définis et indéfinis

5 Observe les textes et complète avec :
le – la – les – un – une – des.

a. Paul a ... prof africain.
C'est ... prof de maths.
b. C'est ... semaine spéciale.
C'est ... semaine contre le racisme.
c. Marion a ... copines japonaises.
Marion adore ... copines de l'école.

Articles indéfinis			Articles définis		
Masculin	Féminin	Pluriel	Masculin	Féminin	Pluriel
un prof	une classe	des copains des copines	le prof	la classe	les copains les copines

N'oublie pas !

> Pour désigner une généralité
> que tout le monde connaît, on utilise le, la, l', les :
> **le racisme, les Français.**

→ Entraîne-toi pages 40-41.

L'accord des adjectifs (singulier, pluriel)

6 Complète le tableau.

Masculin		Féminin	
Singulier	Pluriel	Singulier	Pluriel
différent	**différents**	différente	...
noir	...	noire	**noires**
blanc	...	blanche	**blanches**

→ Entraîne-toi page 41.

N'oublie pas !

	Singulier	Pluriel
Adjectif en **-s**	françai**s**	françai**s**
Adjectif en **-x**	rou**x**	rou**x**
Adjectif en -**al**	ég**al**	ég**aux**

Le féminin pluriel est régulier :
française → française**s**, rousse → rousse**s**
égale → égale**s**

Mes mots

7 Écoute et chante.
On est de tous les continents,
Tous différents, c'est plus marrant !
Tu as quel âge ? C'est un sondage.
Dix, onze, douze ans ? Moi, j'ai treize ans.
Alors écris un beau slogan.
Tu as quatorze ans ou quinze ans ?
On a seize ans, ou dix-sept ans,
Dix-huit, dix-neuf, ou même vingt ans,
Alors écris un beau slogan.

À toi !

8 Avec deux ou trois camarades, présente-toi comme Paul et Martin et écris un slogan pour la semaine contre le racisme.

Atelier langue

GRAMMAIRE

La négation avec « ne... pas »

N'oublie pas !

> sujet + ne + verbe + pas
> Attention !
> ne + **voyelle** ou **h muet** = **n'**/→ sujet + **n'** + verbe + **pas**

1 Complète avec *ne* ou *n'*.
a. Nico ... habite pas à Tokyo.
b. Nous ... avons pas cours de maths le mercredi.
c. Rémi ... cherche pas une photo sur le racisme.
d. Zoé et Maïa ... aiment pas Paris.
e. Je ... suis pas blonde.
f. Thomas ... a pas quinze ans.

2 a Remets les phrases dans l'ordre.

a. suis Je et blond. ne grand pas

b. pas n' Nico gros. est

 2 b Écoute et vérifie tes réponses.

3 Mets les phrases à la forme négative.
a. Rémi et Nico sont chanteurs.
b. Maïa est blonde.
c. Maïa et Zoé aiment les garçons bruns et petits.
d. Rémi est sur la photo.

L'accord des adjectifs (masculin, féminin)

Masculin	Féminin	Masculin → Féminin
	+ e	Il est blond. → Elle est blon**d**e.
-e	-e	Il est mince. → Elle est mince.
-s	-sse	Il est gros. → Elle est gro**sse**.
-s	-se	Il est japonais. → Elle est japonai**se**.
-x	-sse	Il est roux. → Elle est rou**sse**.
-c	-che	Il est blanc. → Elle est blan**che**.
Attention ! Il est **beau**. → Elle est **belle**.		

4 Choisis la bonne réponse.
a. Il / Elle est japonaise.
b. J'ai **un copain / une copine** blond.
c. Rémi / Maïa n'est pas grande.
d. La fille / Le garçon sur la photo est beau.

5 Relève les adjectifs et classe-les.

Sabrina habite dans une grande ville, à Bordeaux.
Elle a treize ans et elle est brune.
Elle est élève dans un collège de Pau et, samedi,
elle participe à un jeu-concours à la MJ.
Le professeur de français aide les élèves ;
il s'appelle M. Amouzou, il est africain.
Sabrina adore Djamel : il est marocain, mince
et très gentil. Son amie Tania est espagnole ;
elle est gentille elle aussi !

– **Adjectifs** masculins → ...
– **Adjectifs** féminins → ...

6 Écoute. Lève le panneau A si c'est masculin et le panneau B si c'est féminin.

Les articles définis et indéfinis

	Articles indéfinis	Articles définis
Masculin	**un** stylo *(Je cherche un stylo.)*	**le** stylo *(Je cherche le stylo noir.)*
Féminin	**une** copine *(Nous avons une copine japonaise.)*	**la** copine *(La copine de Delphine est sympa.)*
Pluriel	**des** amis *(Thomas et Éric ont des amis japonais.)*	**les** documents *(Ils regardent les documents d'Émilie.)*
	des photos *(Thomas et Éric regardent des photos.)*	**des** photos *(Ils regardent les photos de Marie.)*

7 Complète avec *un/une* ou *le/la*.
a. ... copine de Zoé s'appelle Maïa.
b. Nico a ... copain japonais.
c. Voilà Monsieur Dialo, ... prof de maths.
d. J'ai ... prof étrangère.
e. Nous regardons ... document sur la mode.
f. Vous détestez ... racisme.

GRAMMAIRE

8 Choisis *les* ou *des*.

a. Thomas a ... copains africains.

b. Rémi aime ... belles filles.

c. Zoé a ... copines. Elle adore ... copines de la classe.

d. Émilie et Sophie préfèrent ... beaux garçons.

e. Vous proposez ... slogans contre le racisme.

9 Complète le dialogue avec des articles définis ou indéfinis.

a. – Regarde ! C'est ... prof d'histoire-géo.

b. – Bonjour, vous êtes ... élèves de cinquième B, n'est-ce pas ?

c. – Oui. Je m'appelle Éric. Et voici Éléna, c'est ... camarade de classe !

d. – Vous jouez au football ensemble à ... récré ?

e. – Non, elle déteste ... sport, c'est ... fille !
À ... récré, elle lit ... magazines de mode !

f. – Mais les filles aussi aiment ... sport !

L'accord des adjectifs (singulier, pluriel)

Adjectif singulier en -s	Il est français. ➡ Ils sont français.
Adjectif singulier en -x	Il est roux. ➡ Ils sont roux.
Adjectif singulier en -al	Il est génial. ➡ Ils sont gén**iaux**.

Le féminin pluriel est régulier :
française ➡ françaises, rousse ➡ rousses, géniale ➡ géniales

10 Écoute et répète. Tu entends des différences ?

a. différent / différents

b. grande / grandes

c. français / français

d. noir / noirs / noire / noires

11 Accorde les adjectifs.

a. J'ai des copines blond..., brun..., et rou...

b. Moi, je préfère les copains différent...

c. Français ou étrangers, on est tous éga...

12 Complète avec un adjectif :

différents – belles – noir – grandes – noirs – blondes – blancs – égaux – japonaise.

a. Rémi préfère les ... filles ... et ...

b. Le prof de Paul et Martin est ...

c. Marion a une copine ...

d. J'ai des copains ... et des copains ... . On est ... mais ...

13 Fais l'accord des adjectifs, si nécessaire.

« Salut, je m'appelle Laura. J'habite à Marseille et j'ai douze ans. Ma copine est ... (africain), elle s'appelle Fatou. Les garçons aiment bien Fatou, elle est ... (différent) et elle est ... (grand) et ... (beau). J'ai aussi un copain, il s'appelle Édouard. Il n'est pas ... (grand) mais les filles aiment aussi les garçons ... (petit) ! Moi, je suis ... (roux) et ... (sympa) ! Nous sommes trois copains ... (différent) ! »

PHONÉTIQUE

Les consonnes finales muettes

14 Écoute et chante.

On est tous égaux, on est tous égaux et beaux.

On est petits ou grands, noirs ou blancs,

On est minces ou bien rondes, brunes ou blondes,

Toi tu es souriant, et marrant,

Et tu es étranger, pas français,

Anglais ou japonais, c'est parfait !

On est égaux et beaux, tous géniaux, tous géniaux !

15 Réécoute les adjectifs de la chanson. Est-ce qu'on prononce les lettres à la fin des mots ?

Communique

1 Associe les descriptions aux portraits.

a. Nadia a dix ans, elle habite à Tunis ; elle n'est pas blanche, elle n'est pas noire.

b. Brandon habite à Los Angeles, il a onze ans et il est blond.

c. Yang habite Hong-Kong, elle est chinoise, elle n'est pas grosse et elle n'est pas blonde.

d. Moussa habite à Abidjan. Il est africain, il est mince et il est noir.

1.

2.

3.

4

2 Décris la situation et les personnages.

3 Qui est-ce ? Présente un ou une camarade de la classe.
La classe devine qui c'est.

Il/Elle **est...**

Il/Elle **n'est pas...**

4 Observe les dessins et complète les bulles.

1.

2.

3.

Rémi 2, Les Zigzags de l'amour, O. Balez et L. Richard
© Éditions Milan 2005

1 Avec ses copains, Rémi cherche :
a. une jolie fille.
b. la fille idéale.
c. Julie.

2 Comment est la fille idéale pour Rémi ?

3 Vrai ou faux ?
a. La fille idéale a le même âge que Rémi.
b. La fille idéale est la voisine de Rémi.
c. Rémi ne connaît pas la fille idéale.
d. La fille idéale pour Rémi, c'est Julie.

4 Trouve les expressions pour dire
« C'est vrai ».
= ...
= ...

La Francophonie

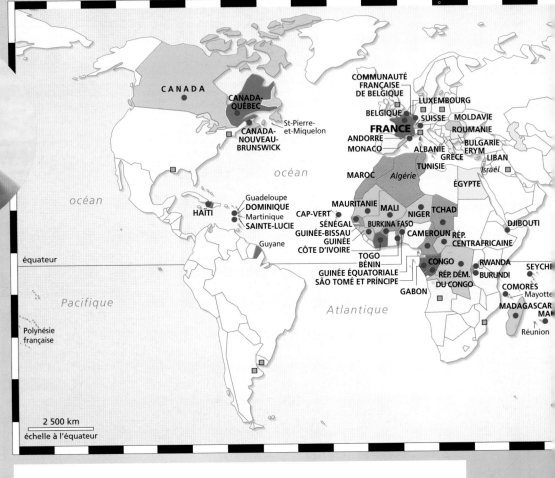

CANADA

CANADA-QUÉBEC

St-Pierre-et-Miquelon

CANADA-NOUVEAU-BRUNSWICK

océan

océan

COMMUNAUTÉ FRANÇAISE DE BELGIQUE

LUXEMBOURG

BELGIQUE

SUISSE

MOLDAVIE

FRANCE

ROUMANIE

ANDORRE

MONACO

BULGARIE ERYM

ALBANIE

GRÈCE

LIBAN

Israël

MAROC

Algérie

TUNISIE

ÉGYPTE

Guadeloupe

DOMINIQUE

Martinique

SAINTE-LUCIE

Guyane

HAÏTI

MAURITANIE

MALI

NIGER

TCHAD

CAP-VERT

SÉNÉGAL

BURKINA FASO

GUINÉE-BISSAU

CAMEROUN

GUINÉE

RÉP. CENTRAFRICAINE

DJIBOUTI

CÔTE D'IVOIRE

équateur

TOGO

BÉNIN

GUINÉE ÉQUATORIALE

SÃO TOMÉ ET PRÍNCIPE

CONGO

RÉP. DÉM. DU CONGO

RWANDA

BURUNDI

SEYCHE

GABON

COMORES

Mayotte

Pacifique

Atlantique

MADAGASCAR

MA

Polynésie française

Réunion

2 500 km

échelle à l'équateur

a. *Salut ! Moi, je m'appelle Mahdi ; j'ai dix ans et j'habite à Dakar avec ma famille. J'adore le football et je suis fan de Patrick Vieira.*

53 États et gouvernements membres de l'OIF (Organisation internationale de la Francophonie)

Part des francophones dans la population totale

- 50 à 100 %
- 30 à 50 %
- 10 à 30 %
- moins de 10 %

État où le français est langue officielle ou administrative

minorité francophone

Algérie et Israël ne sont pas membres de l'OIF.

1. La Guadeloupe

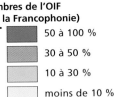

2. La Martinique

3. La Guyane

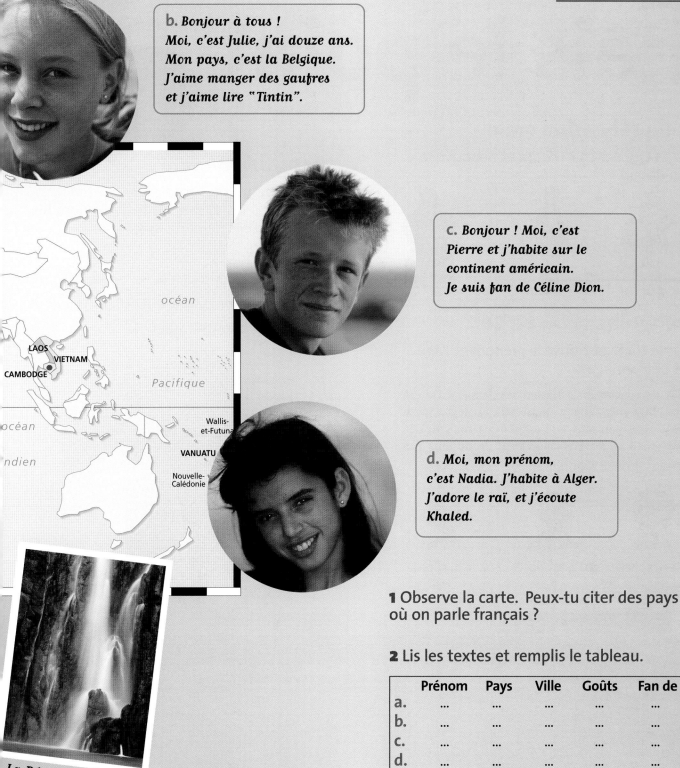

b. Bonjour à tous !
Moi, c'est Julie, j'ai douze ans.
Mon pays, c'est la Belgique.
J'aime manger des gaufres
et j'aime lire "Tintin".

c. Bonjour ! Moi, c'est
Pierre et j'habite sur le
continent américain.
Je suis fan de Céline Dion.

d. Moi, mon prénom,
c'est Nadia. J'habite à Alger.
J'adore le raï, et j'écoute
Khaled.

La Réunion

1 Observe la carte. Peux-tu citer des pays
où on parle français ?

2 Lis les textes et remplis le tableau.

	Prénom	Pays	Ville	Goûts	Fan de
a.	...	...	...	...	...
b.	...	...	...	...	...
c.	...	...	...	...	...
d.	...	...	...	...	...

3 Découvre le nom des départements français
d'Outre-mer.

1

✕	🕶		✦	■	🕶	⊘	🚌	✕	✈	■	✔	🚌
L	...		...	U	...	D	...	L	...	U	P	...

3

✕	🕶		✦	■	Ⅱ	🕶	●	🚌
L	...		G		Y	...	...	...

2

✕	🕶		🎁	🕶	⊖	□	🎇	●	🎇	🚲	■	🚌
...	A		M	...	...	T	...	N	...	Q	...	E

4

✕	🕶		⊖	🚌	■	●	🎇	✈	●
L	...		R		U	...	I	O	...

Fais le point

DELF
A1

Compréhension orale

1 Qui est-ce ? Écoute et retrouve le bon dessin.

a.   b.   c.

Compréhension écrite

2 Lis le texte et trouve le prénom et l'âge des personnages.

> Voilà les copains de la Maison des Jeunes ! On est tous différents. Tom a douze ans et demi, Manu aussi. Le garçon roux ne s'appelle pas Tom. Moi, je suis grand et je m'appelle Hugo. Je ne suis pas blanc. J'ai treize ans. Tom est noir aussi.

a. Je m'appelle ..., j'ai ...   **b.** Je m'appelle ..., j'ai ...   **c.** Je m'appelle..., j'ai ...

Expression orale

3 Dessine un personnage.
Décris-le à un(e) camarade qui le dessine.
Comparez les deux dessins.

Expression écrite

4 Décris ce personnage. Il est comment ?
À ton avis, il a quel âge ?

Mes mots

La description physique	La nationalité / l'origine	Les nombres
Grand(e)	Français(e)	Onze
Petit(e)	Japonais(e)	Douze
Gros(se)	Anglais(e)	Treize
Mince	Africain(e)	Quatorze
Blond(e)	Étranger / Étrangère	Quinze
Roux / Rousse		Seize
Brun(e)	**Contre le racisme**	Dix-sept
Beau / Belle	Égal(e) / Égaux – Égales	Dix-huit
Mignon(ne)	Différent(e) / Différent(e)s	Dix-neuf
Noir(e)	Un slogan	Vingt
Blanc(he)		

L'âge
J'ai ... an(s)
Et demi

UNITÉ 4
Photo de famille

GRAMMAIRE

Les adjectifs possessifs
Pas de, pas d'
Les pronoms personnels toniques

C'est mon ancêtre

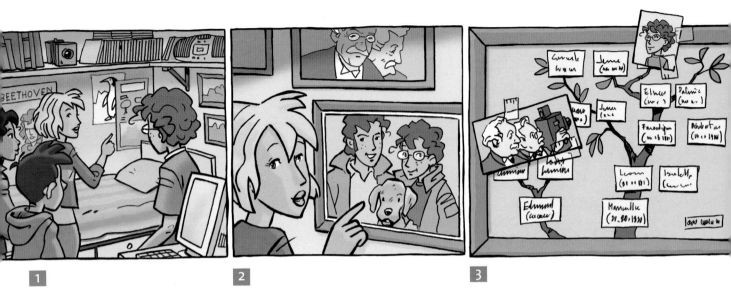

THOMAS. – Voilà, c'est ma chambre !

RÉMI. – Ouah ! Super, tous tes DVD !

THOMAS. – Les DVD c'est ma passion, j'aime beaucoup le cinéma.

ZOÉ. – C'est ton grand frère et son chien, là, sur la photo ?

THOMAS. – Non, c'est mon cousin. Je n'ai pas de frère. Et là, voilà mes deux sœurs.

MAÏA. – Oh, et ça, qu'est-ce que c'est ?

THOMAS. – C'est mon arbre généalogique, avec mes ancêtres.

MAÏA. – Qui est-ce avec sa caméra et ses petites lunettes ?

THOMAS. – C'est Louis Lumière, l'inventeur du cinéma...

TOUS. – Ouah !!! C'est vrai ?!... C'est ton ancêtre ?

THOMAS. – Oui !

RÉMI. – Elle est super ta famille ! Moi, je suis fils unique, et j'ai seulement une cousine.

ZOÉ. – Oui, mais ta cousine est super sympa !

THOMAS. – Ah bon ! Tu connais sa cousine, elle est célèbre ?

ZOÉ. – Mais non, sa cousine, c'est moi !

Observe les documents

1 Observe le document 3.
À ton avis, qu'est-ce que c'est ?
a. Une affiche.
b. Un arbre généalogique.
c. Un dessin.

2 Observe le document 4. Tu le connais ?

Tu comprends ?

3 Écoute et trouve la bonne réponse.
a. Où ils sont ?
1. Dans la chambre de Thomas.
2. Dans la chambre de Zoé.
3. Dans la chambre de Rémi.
b. Qu'est-ce qu'ils regardent ?
1. L'arbre généalogique de Thomas.
2. Les photos de famille de Rémi.
3. Un film de la famille de Thomas.

4 Écoute. Vrai ou faux ?
a. Thomas aime le cinéma.
b. Thomas a un frère et une sœur.
c. L'inventeur du cinéma est l'ancêtre de Thomas.
d. Zoé est la cousine de Rémi.

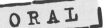

4

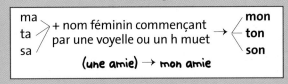

	Singulier		Pluriel
	Masculin	**Féminin**	
Je	**mon** cousin	**ma** sœur	**mes** ancêtres
Tu	**ton** cousin	**ta** sœur	**tes** ancêtres
Il/Elle	**son** cousin	**sa** sœur	**ses** ancêtres

→ *Entraîne-toi page 52.*

N'oublie pas !

ma
ta + nom féminin commençant → mon
sa par une voyelle ou un h muet ← ton
son

(une amie) → mon amie

GRAMMAIRE

La négation avec « pas de »

5 Observe et trouve le contraire dans le texte.

a. ... → Je n'aime pas beaucoup le cinéma.

b. J'ai un frère. → ...

6 Observe la négation dans les deux phrases. Qu'est-ce que tu remarques ?

Affirmation	Négation
avec *un/une/des* ou un *nombre*	*ne* + verbe + *pas de*
J'ai une cousine.	→ Je **n'**ai **pas de** cousine.
J'ai deux sœurs.	→ Je **n'**ai **pas de** sœur.

→ *Entraîne-toi page 52.*

N'oublie pas !

pas de + voyelle ou h muet → **pas d'**
Je n'ai pas d'amis.

Les adjectifs possessifs

7 Observe le dialogue et associe.

a. mon arbre généalogique
b. ton grand frère
c. ma chambre
d. sa caméra
e. mes ancêtres
f. ses petites lunettes

1. je
2. tu
3. il/elle

Mes mots

8 Rémi présente sa famille.
Complète le texte.

a. père   b. mère   c. cousin   d. frère   e. sœur
f. famille   g. cousine

Je m'appelle Rémi. Ma mère s'appelle Anne. J'ai une ..., c'est Zoé. La ... de Zoé s'appelle Marie ; c'est la ... d'Antoine, mon ... . Zoé n'a pas de ..., donc je n'ai pas de ... . Voilà, c'est ma ... !

À toi !

9 Présente ta famille à un/une camarade.
Il/Elle dessine ton arbre généalogique.

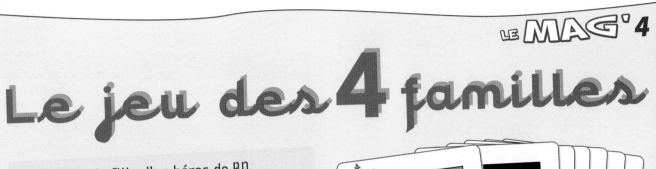

Le jeu des 4 familles

Moi, je suis la fille d'un héros de BD.
Mon père et mon frère ont des pouvoirs
magiques. Mes parents sont fils et fille
de rois vikings mais nous sommes pauvres
et nous n'avons pas de maison. Vous aimez
les aventures de mon père Thorgal ?

1

a Louis de Monaco

b Sandrine Bouglione

2 Mon frère et moi, nous sommes
les inventeurs du cinéma et nous
habitons à Lyon. Mes films sont
célèbres. J'ai mon nom dans le
dictionnaire. Et vous, vous regardez
des films ?

Mon grand-père et mon oncle sont princes
et ma grand-mère, actrice. Nous habitons
à Monaco. Vous trouvez des photos de ma
mère et ma tante dans les magazines :
elles sont très célèbres !

3

c Louve Aegirsson

d Louis Lumière

Nous, nous sommes une grande famille
du cirque. Moi, je suis dompteuse. Nous
organisons des spectacles, les enfants
adorent. Mes cousins et mon frère
travaillent avec moi. Et vous,
vous êtes fans des animaux ?

4

Observe les documents

1 Tu connais ces personnages ?

Tu comprends ?

2 Lis les textes et associe.

a. la famille *Princes et Princesses* 👑 • Texte 1.

b. la famille *Enfants du Cirque* 🎪 • Texte 2.

c. la famille *Viking* 🪖 • Texte 3.

d. la famille *Premier film* 🎥 • Texte 4.

3 Associe. On trouve le nom de ces familles...

a. la famille De Monaco   **1.** dans les magazines

b. la famille Bouglione   **2.** dans un dictionnaire

c. la famille Aegirsson   **3.** dans une BD

d. la famille Lumière   **4.** sur une affiche

GRAMMAIRE

Les pronoms personnels et les verbes « être » et « avoir » au pluriel

4 Associe.

a. Nous n'avons pas de maison.   **1.** mon père et mon frère

b. Vous êtes fans des animaux.   **2.** ma mère et ma tante

c. Ils ont des pouvoirs magiques.   **3.** toi + d'autres personnes

d. Elles sont très célèbres.   **4.** ma famille et moi

	Le verbe *être*	Le verbe *avoir*
Nous	sommes	avons
Vous	êtes	avez
Ils/Elles	sont	ont

→ *Entraîne-toi page 53.*

Les verbes en « -ER » au pluriel

5 Observe le tableau et cherche dans les textes d'autres verbes en -*ER*.

	Habiter	Autres verbes
Nous	habit**ons**	...
Vous	habit**ez**	...
Ils/Elles	habit**ent**	ador**ent** ...

→ *Entraîne-toi page 53.*

Mes mots

6 Complète les cartes.

a. la grand-mère   **c.** le grand-père

b. le fils   **d.** la fille

7 Retrouve les définitions.

a. mes parents   **1.** le frère de mon père ou de ma mère

b. mes grands-parents **2.** la sœur de mon père ou de ma mère

c. mon oncle   **3.** le père et la mère de mon père ou de ma mère

d. ma tante   **4.** mon père et ma mère

À toi !

8 Par groupe de trois ou quatre, choisissez une famille célèbre et décrivez-la. La classe devine de qui il s'agit.

Ils sont très nombreux. Ils sont blancs et noirs.

Les 101 dalmatiens !!

Atelier langue

GRAMMAIRE

La négation avec « pas de »

N'oublie pas !

> Avec **un**, **une**, **des**
> ou un nombre à la forme affirmative ➡
> **Je n'ai pas de...** à la forme négative.

1 Choisis la bonne réponse.

a. Rémi n'a pas **de / une** caméra.

b. Mon oncle n'a pas **des / d'** enfants.

c. Je n'aime pas **le / de** cinéma.

d. Nous ne regardons pas **un / de** film.

e. Maïa n'a pas **une / de** sœur.

f. Éric et Thomas n'écoutent pas **de / une** musique.

2 a Qu'est-ce que tu as
et qu'est-ce que tu n'as pas ?

a. Une caméra ? **b.** Des lunettes ? **c.** Un grand frère ?

2 b Qu'est-ce que tu aimes
et qu'est-ce que tu n'aimes pas ?

a. Le cinéma ? **b.** Les chiens ? **c.** Le racisme ?

Les adjectifs possessifs

Singulier		Pluriel
Masculin	**Féminin**	
Je	**mon** cousin	**ma** sœur	**mes** ancêtres
Tu	**ton** cousin	**ta** sœur	**tes** ancêtres
Il/Elle	**son** cousin	**sa** sœur	**ses** ancêtres

3 À qui est-ce ? Classe les objets dans les sacs.

> J'ai un arbre généalogique, une BD et des lunettes. Tu as un livre, une caméra et des DVD.

4 Complète avec *son*, *sa*, ou *ses*.

Exemple : **La famille de Thomas est grande.**
→ **Sa famille est grande.**

a. La mère de Rémi a une sœur.
→ ... mère a une sœur.

b. Rémi est le cousin de Zoé.
→ Rémi est ... cousin.

c. Voilà les ancêtres de Thomas.
→ Voilà ... ancêtres.

d. C'est la caméra de Louis Lumière.
→ C'est ... caméra.

5 Complète avec un adjectif possessif.

a. Voilà la sœur de ma mère, c'est ... tante !

b. J'aime beaucoup ma famille. Le samedi, je joue au football avec ... cousins.

c. Elle habite avec ... grand-mère ?
Oui, et ... cousines aussi.

Les pronoms personnels toniques

N'oublie pas !

> Tu aimes les DVD ? **Moi**, non !
> **Nous**, nous préférons le cinéma !

Pronom sujet	Pronom tonique
je	moi
tu	toi
il/elle	lui/elle
nous	nous
vous	vous
ils/elles	eux/elles

6 Complète avec un pronom tonique.

a. Bonjour ! Je suis la sœur d'Élisa.
Et ..., tu es sa copine ?

b. Hélène et Marie font un arbre généalogique.
..., nous lisons une BD !

c. Tu aimes ce film ! ..., je déteste !

d. Ma grand-mère et ..., nous allons au cirque mercredi.

e. Jean et Louis, ..., vont au cinéma.

GRAMMAIRE

7 Trouve le pronom qui convient et complète les verbes.

– Bonjour Marie ! Ça va ? Je suis avec Henri, mon frère. ... regard... un film.

– Ça va, merci. ... aim... les films d'horreur ? ..., je déteste !

– Oui, ... ador... ! Émilie et Pierre, ..., aim... aussi les films d'horreur, mais Émilie, ..., préfèr... les films romantiques.

– Et ..., vous aimez les films romantiques ?

– Ah non, quelle horreur !

Les verbes « être » et « avoir » au pluriel

Rappelle-toi !

	être	*avoir*
Nous	sommes	avons
Vous	êtes	avez
Ils/Elles	sont	ont

8 Retrouve les six formes verbales dans la grille et complète le texte.

n	r	s	o	n	t
a	v	o	n	s	j
v	r	m	t	ê	e
e	r	m	c	t	o
z	t	e	s	e	n
i	g	s	z	s	t

Dans la famille, nous sommes célèbres. Nous ... des photos dans les magazines. Mes parents ... acteurs, ils ... beaucoup de fans. Et vous, vous ... une grande famille ? Vous ... célèbres ?

 9 Écoute et choisis *sont* ou *ont*.

	a.	b.	c.	d.
sont				
ont				

10 *Être* ou *avoir* ? Complète.

a. Ses parents ... à Paris.

b. Ils ... un dictionnaire.

c. Chloé et Émilie ... brunes.

d. Nous ... 13 ans et toi, tu ... quel âge ?

e. Nous, nous ... françaises et vous, vous ... espagnole.

Les verbes en « -ER » au pluriel

11 Associe.

aimons les animaux.

Ils/Elles

habitent à Monaco.

adorez les BD ?

Vous

Nous

12 Écoute et coche.

	Singulier	Pluriel	Singulier ou pluriel
a.		x	
b.			
c.			
d.			
e.			

13 Associe et fais des phrases.

Mes cousins	écoute	avec moi.
J'	travailles	français.
Nous	regarde	dans une grande maison.
Tu	habitent	des photos.
Ma sœur	organisez	la radio.
Vous	parlons	un spectacle.

PHONÉTIQUE

Les sons [s] / [z]

14 Écoute et prononce les phrases suivantes. Attention aux lettres soulignées ([s] / [z]).

a. Les amis de mes amis sont aussi mes amis !

b. Zinedine, la star des magazines, cuisine avec ses cousines Yasmine et Sandrine.

c. Nous habitons dans la maison de mes oncles Simon et Zébulon.

d. Vous aimez les DVD de Zoé ou vous préférez les bandes dessinées de José ?

e. Elles aiment les histoires de princes et de princesses.

15 Comment peut s'écrire le son [s] ? Et le son [z] ?

Communique

1 Famille de mots. Cherche l'intrus.

a. la mère – la sœur – la chanteuse – le cousin

b. une famille – un inventeur – un arbre généalogique – un ancêtre

c. un film – le cinéma – une affiche – un dessin

d. la cousine – la tante – la grand-mère – le frère

2 Observe les situations
et joue-les avec ton voisin ou ta voisine.

a.

b.

3 Observe le dessin et complète
la description de la famille d'Adrien.

« Je m'appelle Adrien. Mon ... s'appelle Pierre
et ma ... s'appelle Annie.
J'ai un ... et une ...
... a 12 ans. Elle s'appelle ...
... a 5 ans. Il s'appelle ...
... s'appelle Édouard et ... s'appelle Martine. »

4 Devine qui je suis !

a. Choisis une personne
dans le tableau.

b. À l'aide du tableau,
ton/ta voisin(e) te pose des
questions pour deviner qui tu es.
Tu réponds « Oui » ou « Non ».

Exemple : **Tu habites à Toulouse ?**

c. Maintenant, à toi de deviner
qui est ton/ta voisin(e) !

Nom	Ville	Métier	Passion	Frère et sœur ?
•Alain	Bordeaux	journaliste	la musique	une sœur
•Bertrand	Lille	professeur	le cinéma	non, fils unique
•Laura	Bordeaux	journaliste	le ski	deux frères
•Paul	Toulouse	élève	le dessin	une sœur
•Pénélope	Paris	élève	les animaux	deux sœurs
•Nadia	Lyon	professeur	la musique	un frère
•Moussa	Marseille	journaliste	le ski	non, fils unique
•Yoko	Lyon	élève	le dessin	un frère
•Brenda	Paris	actrice	le cinéma	non, fille unique

BD : Une famille branchée !

Les Zappeurs, Tome 12,
Ernst & Janssens
© Éditions Dupuis 2004

1 Lis la BD et retrouve les mots pour dire :

a. père = ...

b. mère = ...

c. grand-père = ...

d. grand-mère = ...

2 À ton avis, une famille « vachement branchée », c'est une famille :

a. très cool.

b. très bizarre.

c. très célèbre.

3 Pourquoi toute la famille a un baladeur ?

a. Pour ne pas entendre les avions.

b. Pour être branchée.

c. Pour écouter de la musique.

4 Complète.

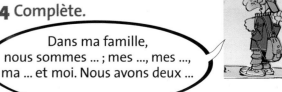

Dans ma famille,
nous sommes ... ; mes ..., mes ...,
ma ... et moi. Nous avons deux ...

civilisation

L'Histoire de France

Observe les documents, lis les textes et découvre des moments historiques !

On utilise
les chiffres romains
pour les siècles
et les noms des rois :
Louis XIV = Louis 14
Louis XVI = Louis 16
XVe siècle = 15^e siècle
XXe siècle = 20^e siècle

a. «Je suis le Roi-Soleil. Mes ancêtres s'appellent Louis, comme moi. J'habite dans un très grand château. J'adore la musique, la danse et la mode. Qui suis-je ? »

MARIE-ANTOINETTE

La France est en guerre contre l'Angleterre pendant cent ans !
Jeanne d'Arc sauve la France. **1**

b. « Mon mari s'appelle Louis XVI, il est roi de France.
Mais les Français n'aiment pas beaucoup les rois.
Ils préfèrent les présidents.
Ils vont nous couper la tête à la Révolution. Qui suis-je ? »

CHARLES DE GAULLE

Le roi Louis XIV adore les grands châteaux. Il construit le château de Versailles. **2**

C'est la Révolution. Les Français prennent la Bastille et coupent la tête du roi Louis XVI et de la reine Marie-Antoinette. **3**

d. « Je suis célèbre parce que j'entends des voix. Je m'habille comme un garçon pour faire la guerre. Je fais partir les Anglais de France. Qui suis-je ? »

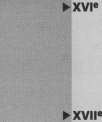

c. « J'habite en France et en Angleterre et j'aide les Français pendant la Seconde Guerre mondiale. Après la guerre, je suis un président très célèbre. Qui suis-je ? »

LOUIS XIV

Guerre de Cent Ans ▶ **XVe**

▶ **XVIe**

▶ **XVIIe**

Construction du château de Versailles

▶ **XVIIIe**

Révolution française

▶ **XIXe**

▶ **XXe**

Libération de Paris

5

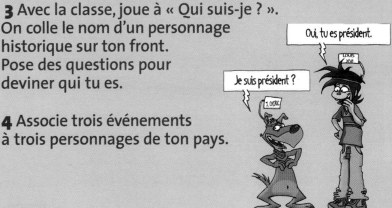

C'est la Seconde Guerre mondiale. Les Américains aident la France. Ils libèrent Paris. Charles de Gaulle est le nouveau Président. **4**

JEANNE D'ARC

1 Observe les documents. Associe.
a. Charles de Gaulle   **1.** Document 1
b. Jeanne d'Arc   **2.** Document 2
c. Louis XIV   **3.** Document 3
d. Marie-Antoinette   **4.** Document 4

2 Lis les textes.
a. Associe les textes aux personnages.
b. Observe le document 5. Associe les personnages aux siècles.

3 Avec la classe, joue à « Qui suis-je ? ». On colle le nom d'un personnage historique sur ton front. Pose des questions pour deviner qui tu es.

4 Associe trois événements à trois personnages de ton pays.

Oui, tu es président.

Je suis président ?

Fais le point

DELF A1

Compréhension orale

1 Écoute et retrouve
l'arbre généalogique de Lucas.

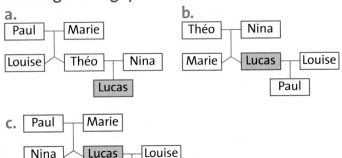

a.

Paul	—	Marie
Louise	Théo	—	Nina
	Lucas	

b.

Théo	—	Nina
Marie	Lucas	—	Louise
	Paul	

c.

Paul	—	Marie
Nina	Lucas	—	Louise
	Théo	

Compréhension écrite

2 Associe.

a. Mon père est grand et gros ;
il est brun. Il travaille dans un
cirque ; ma mère et moi aussi.

b. Ma tante et mon oncle
habitent à Paris. Ils ont un fils,
c'est mon cousin. Il a dix ans.

c. Mes grands-parents sont
inventeurs, ils sont sympas.
Ils ont une fille ; c'est ma mère.

Expression orale

3 Fais-les parler.

a. Dans ma chambre, j'ai ... **b.** Voilà ma famille : ...

Expression écrite

4 Écris un mél
à tes parents
et présente
la famille
de Leïla.

Sarah Charles Carla Alex Leïla Filou

> Salut les parents !
> Je suis dans la famille de Leïla.
> …

Mes mots

La famille
L'arbre généalogique
L'ancêtre / Les ancêtres
Les grands-parents
Le grand-père /
La grand-mère
Les parents
Le père / La mère
Le frère / La sœur
Le cousin / La cousine
L'oncle / La tante
Le fils / La fille (unique)

Loisirs
La photo
La caméra
Le DVD
Le baladeur

Médias et communication
Le cinéma
Le film
Le dictionnaire
Le livre
Le magazine

La BD = la bande dessinée
Le cirque
Le spectacle
L'affiche

Personnages célèbres
Un héros
Un prince / Une princesse
Un roi / Une reine
Un inventeur

UNITÉ 5

Vive les vacances !

GRAMMAIRE

es verbes *partir*, *aller* et *faire*
es prépositions de lieu *à* et *chez*
es pronoms interrogatifs *où* et *comment*
es articles contractés

En classe de mer

1 **2**

RÉMI. – Je suis super content !
Avec l'école, on part en classe de mer !

THOMAS. – C'est génial ! Vous allez où ?

RÉMI. – Nous allons à Pornichet,
au bord de l'océan Atlantique.

THOMAS. – Oh ! là là ! C'est loin !
Vous partez comment ?

RÉMI. – Nous partons en TGV.
C'est mon premier voyage en train !

THOMAS. – Moi, j'adore le train ! Avec ma famille
on part aussi en vacances en train,
on va à la montagne.

MAÏA. – Moi aussi je vais en vacances
à la montagne, mais je pars en avion !

THOMAS. – Quoi ? Tu vas à la montagne en avion ?
Tu vas où ?

MAÏA. – Je vais chez mes grands-parents ;
ils habitent au Maroc.

ZOÉ. – Oh ! Tu as de la chance...
Mes parents et moi, on va toujours
en vacances au même camping,
et on part en voiture ; je déteste
la voiture... Mon rêve, c'est d'aller
à l'étranger, à New York, à Tokyo...

MAÏA. – Moi, je déteste l'avion et je rêve
de faire du camping à la campagne !
On échange ?

Observe les documents

1 À ton avis, de quoi parlent
Maïa, Zoé, Thomas et Rémi ?

2 Où est Pornichet ?
Regarde sur la carte de France page 126.

PORNICHET

Tu comprends ?

3 Écoute. Pourquoi est-ce que Rémi
est content ?

4 Écoute et associe.

a. Thomas va   1. chez ses grands-parents
b. Zoé va   2. à la mer   A. en voiture.
c. Maïa va   3. à la montagne   B. en train.
d. Rémi va   4. au camping   C. en avion.

ORAL

VILLE DE PORNICHET

Classe de mer
pour les 11-14 ans

Je vais	+ nom féminin	→ **à la** montagne
	+ nom masculin	→ **au** camping
	+ nom pluriel	→ **aux** États-Unis
	+ ville	→ **à** Pornichet
	+ personne	→ **chez** Zoé / **chez** mes grands-parents
Attention : **Je vais à l' étranger.**		

→ *Entraîne-toi page 64.*

N'oublie pas !

| À + LE = AU |
| Attention : **Je vais au camping.** |

Mes mots

8 Ils partent où et comment ? Complète.

a. Elle part ... **b.** Il part ... **c.** Il part ... **d.** Elle part ...

Où ?	Comment ?
à la campagne	en voiture
à la montagne	en train
à la mer	en avion
à l'étranger	à vélo

3

GRAMMAIRE

Les verbes « partir » et « aller »

5 Lis le dialogue et complète.

	Le verbe *partir*	Le verbe *aller*
Je	...	...
Tu	**pars**	...
Il/Elle/On	...	...
Nous	...	...
Vous	...	...
Ils/Elles	**partent**	**vont**

→ *Entraîne-toi page 64.*

6 Écoute et retrouve la forme verbale que tu entends.

a. vais – vas – vont

b. part – partent – partez

c. allez – allons – avons

Les prépositions de lieu «à» et «chez»

7 Observe le dialogue et complète.

a. Nous allons ... Pornichet.

b. On va ... montagne.

c. Je vais ... mes grands-parents.

d. On va toujours en vacances ... même camping.

e. Mon rêve c'est d'aller ... étranger.

À toi !

9 Interroge un(e) camarade. Il/Elle part où en vacances ? Il/Elle part comment ?

Tu pars où en vacances Léon ?

Je vais à la mer, je pars en voiture.

PORNICHET

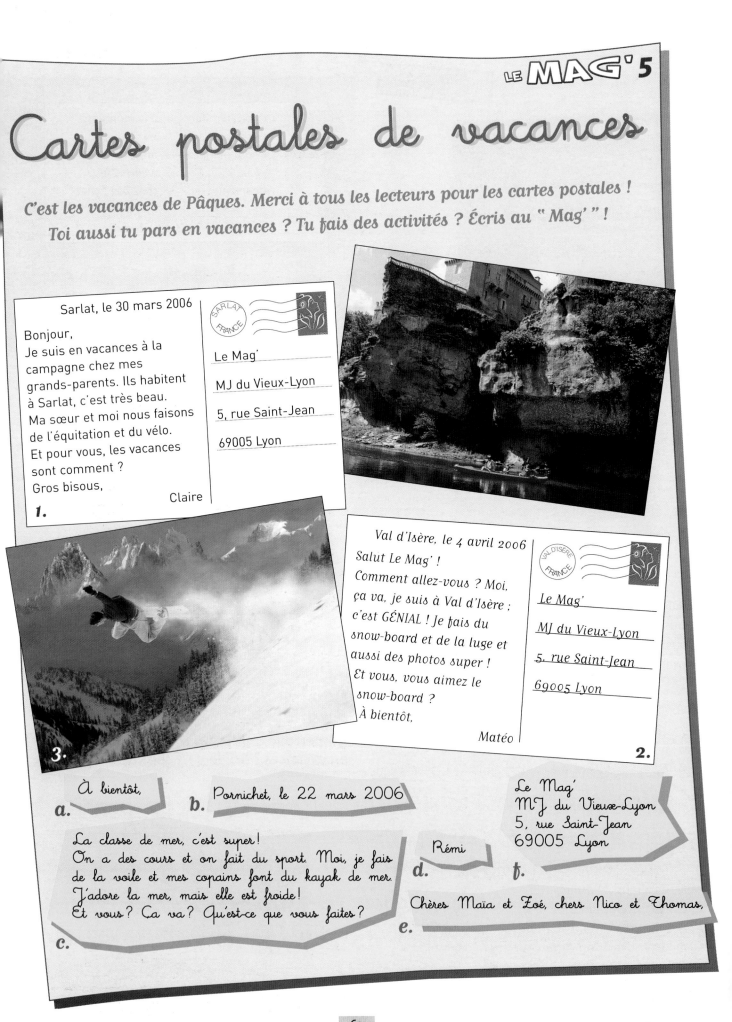

Cartes postales de vacances

C'est les vacances de Pâques. Merci à tous les lecteurs pour les cartes postales !
Toi aussi tu pars en vacances ? Tu fais des activités ? Écris au " Mag' " !

1.

Sarlat, le 30 mars 2006

Bonjour,
Je suis en vacances à la
campagne chez mes
grands-parents. Ils habitent
à Sarlat, c'est très beau.
Ma sœur et moi nous faisons
de l'équitation et du vélo.
Et pour vous, les vacances
sont comment ?
Gros bisous,
Claire

Le Mag'

MJ du Vieux-Lyon

5, rue Saint-Jean

69005 Lyon

2.

Val d'Isère, le 4 avril 2006
Salut Le Mag' !
Comment allez-vous ? Moi,
ça va, je suis à Val d'Isère ;
c'est GÉNIAL ! Je fais du
snow-board et de la luge et
aussi des photos super !
Et vous, vous aimez le
snow-board ?
À bientôt.
Matéo

Le Mag'

MJ du Vieux-Lyon

5, rue Saint-Jean

69005 Lyon

3.

a. À bientôt,

b. Pornichet, le 22 mars 2006

c. La classe de mer, c'est super !
On a des cours et on fait du sport. Moi, je fais
de la voile et mes copains font du kayak de mer.
J'adore la mer, mais elle est froide !
Et vous ? Ça va ? Qu'est-ce que vous faites ?

d. Rémi

e. Chères Maïa et Zoé, chers Nico et Thomas,

f. Le Mag'
MJ du Vieux-Lyon
5, rue Saint-Jean
69005 Lyon

Observe les documents

1 Ce sont des cartes postales :

a. du Vieux-Lyon.

b. de l'étranger.

c. de France.

2 À qui écrivent Claire et Matéo ?

Tu comprends ?

3 Où sont-ils ? Associe.

a. Claire est ...	**1.** à la mer.
b. Matéo est ...	**2.** à la campagne.
c. Rémi est ...	**3.** à la montagne.

4 Trouve les villes des cartes postales sur la carte de France page 126.

5 Mets la carte postale 3 dans l'ordre.

6 Trouve les mots pour dire « bonjour » et « au revoir » dans une carte postale.

N'oublie pas !

Cher	+ nom masculin	→	<u>Cher</u> Thomas
	+ nom féminin	→	<u>Chère</u> Zoé
	+ nom masculin pluriel	→	<u>Chers</u> copains
	+ nom féminin pluriel	→	<u>Chères</u> amies

GRAMMAIRE

Le verbe « faire » et les articles « du », « de la », « de l' », « des »

7 Lis les textes et complète.

a. Je ... de la voile.

b. Tu ... des activités ?

c. On ... du sport.

d. Nous ... de l'équitation.

e. Qu'est-ce que vous ... ?

f. Mes copains ... du kayak de mer.

8 Observe. Qu'est-ce que tu remarques ?

a. Vous aimez **le** snow-board ?

b. Je fais **du** snow-board.

N'oublie pas !

du / de la + voyelle ou **h muet = de l'**
Exemple : *Je fais* de l' *équitation.*

→ *Entraîne-toi page 65.*

Mes mots

9 Qu'est-ce qu'ils font ? Complète avec :
du kayak – de la voile – du snow-board – de l'équitation – du vélo – des photos – de la luge.

a. Julien fait ...   b. Sophie fait ...

À toi !

10 Avec un(e) camarade, choisis une région sur la carte de France page 126 et écris une carte postale de vacances à la classe.

Atelier langue

GRAMMAIRE

Les verbes « partir » et « aller »

Partir
Je **pars**
Tu **pars**
Il/Elle/On **part**
Nous **partons**
Vous **partez**
Ils/Elles **partent**

Aller
Je **vais**
Tu **vas**
Il/Elle/On **va**
Nous **allons**
Vous **allez**
Ils/Elles **vont**

1 Conjugue les verbes.

a. Pour les vacances, je ... (aller) à la montagne et mon frère ... (aller) à la mer. Mes parents ... (aller) à l'étranger ; ils ... (partir) en avion.

b. Nous ... (partir) en vacances à la mer en train. Nous ... (aller) chez des amis. Et vous, vous ... (partir) où ?

2 Complète les phrases avec les formes verbales suivantes :

partez – vais – pars – partons – part – vas.

a. Moi, j'adore le ski, je ... en vacances à la montagne, je ... en train.

b. Et toi, tu ... où ? Au bord de la mer ?

c. Non, ma famille et moi, nous ... à l'étranger.

d. C'est super, vous ... comment ?

e. On ... en voiture !

Les prépositions de lieu « à » et « chez »

Je vais	+ nom féminin	➡ **à la** montagne
	+ nom masculin	➡ **au** camping
	+ nom pluriel	➡ **aux** États-Unis
	+ ville	➡ **à** Pornichet
	+ personne	➡ **chez** Zoé / **chez** mes grands-parents

Attention ! Je vais à l' étranger.

3 Où va Rémi ? Complète.

a. Tous les jours, Rémi va ...

b. Le mercredi, Rémi va ...

c. En vacances, Rémi part ...

• Tous les jours • Le mercredi • En vacances

4 Où est Thomas ? Complète.

a. Il est ...

b. Il est ...

c. Il est ...

d. Il est ...

5 Complète avec une préposition de lieu.

a. Zoé rêve d'aller ... États-Unis.

b. Ton cousin ne va pas ... ses grands-parents ?

c. Je pars ... l'étranger.

d. Ma sœur va ... camping de Pornichet.

e. Mon oncle aime aller ... la mer.

f. Mes parents adore aller ... Sarlat.

6 Ils partent où en vacances ? Ils partent comment ? Observe et réponds.

• Nathalie • Claire • Antonio

GRAMMAIRE

Les pronoms interrogatifs « où » et « comment »

Où ?	Comment ?
à la campagne	en voiture
à la montagne	en train
à la mer	en avion
à l'étranger	à vélo

7 Complète avec *où* ou *comment*.

a. – Tu pars ... en vacances ?

– Je pars en train.

b. – Vous allez ... ?

– Nous allons à la montagne.

c. – ... tu préfères voyager ?

– En avion !

d. – Jules et Emma partent ... à Cannes ?

– Ils partent en voiture.

e. – ... vont Margot et Lou ?

– Elles vont au bord de la mer.

Le verbe « faire » et les articles « du », « de la », « de l' », « des »

N'oublie pas !

> du / de la + **voyelle** ou **h muet** = de l'
> Je fais de l' équitation.

8 Associe. Écris toutes les phrases possibles.

a. faire   **1.** au bord de la mer
b. habiter   **2.** du sport
c. aller   **3.** le snow-board
d. aimer   **4.** en France
e. partir   **5.** à la montagne

9 Associe. (Attention, il y a plusieurs possibilités !)

a. Claire   **1.** fais des photos.
b. Mes parents   **2.** faisons de la voile.
c. Mon frère et moi   **3.** fais du kayak.
d. Je   **4.** fait de l'équitation.
e. Tu   **5.** faites du sport ?
f. Vous   **6.** fait de la luge.
g. On   **7.** font du ski.

10 Complète avec *du, de la, de l', des*.

a. Les copains de Rémi aiment le kayak.
→ Les copains de Rémi font ... kayak.

b. Claire et sa sœur adorent l'équitation.
→ Claire et sa sœur font ... équitation.

c. Tu aimes la voile.
→ Tu fais ... voile.

d. Matéo aime les photos.
→ Matéo fait ... photos.

11 Complète la lettre de David avec les mots suivants et conjugue les verbes :
vélo – voile – équitation – photos – kayak.

Salut Joanne !

Comment ça va ? Aujourd'hui, c'est les vacances ! Mardi, je ... (aller) à la campagne chez mon oncle et ma tante. Nous ... (partir) en train. Chez eux, je ... (faire) beaucoup d'activités : mon cousin et moi, on ... (faire) de l' ..., du ... et du ... . On ... (adorer) les chevaux. Ma sœur et sa copine Sandra ... (faire) des ... . Elles ... (ne pas aimer) les animaux et elles ... (détester) le sport ! Et toi ? C'est comment la classe de mer ? Tu ... (faire) de la ... ? »

David

PHONÉTIQUE
Les sons [y] et [u]

12 Écoute et chante.

*Honolulu **puis** Tombouctou*

Et Katmandou ? Mais vous êtes fous !

Ah, moi, je ne pars pas avec vous !

Bonjour Loulou ! Salut Lulu !

Dis-moi Lulu, mais où pars-tu ?

Dites-moi Loulou, vous allez où ?

*Honolulu **puis** Tombouctou*

13 Classe les mots de couleur dans le tableau.

[y]	[u]
Salut, ...	Bonjour, ...

14 Écoute. Lève le panneau A si tu entends [y] et le panneau B si tu entends [u].

Communique

1 a Associe les photos et les cartes postales.

Montréal, jeudi 3 août

Chère maman, le voyage avec la classe est super ! On est avec des copains. Ils parlent français ! On marche beaucoup et on fait du bateau près des chutes du Niagara, c'est cool ! À bientôt, Jérôme.

Hawaï, vendredi 15 juillet

Coucou les copines ! Je suis avec mon copain Philippe à Honolulu, on fait du sport tous les jours, j'adore le surf ! Gros bisous les filles ! Adèle

Cannes, mardi 11 juillet

Salut Tania ! Ça va ? C'est nul, les vacances ! Je suis avec ma sœur à Cannes. Il ne fait pas beau et la mer est froide ! Et toi, comment sont tes vacances ? Bisous, Audrey.

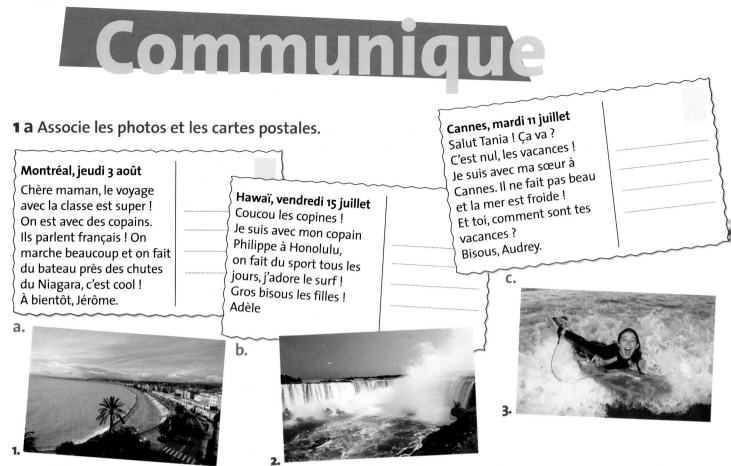

a.

b.

c.

1.

2.

3.

1 b Vrai ou faux ? Corrige les phrases.

a. Audrey est en vacances. Elle est très contente !

b. Adèle n'aime pas les vacances à la mer.

c. Jérôme écrit à sa mère.

d. Audrey est fille unique.

e. Jérôme est en vacances en France.

f. Adèle et Philippe font du sport le vendredi.

2 Place les phrases dans les bulles.

a. Non, je déteste le sport.

b. Oui d'accord, j'adore la mer !

c. Vous avez de la chance... Nous partons à la montagne en voiture !

d. C'est génial, vous faites du ski ?

On va à la plage ? ...

...

Salut, ça va ? je suis en vacances à la montagne chez Lisa.

Nous partons à la campagne en train et vous ?

...

Tu fais du vélo avec nous ?

...

1.

2.

3.

4

3 Choisis une situation et imagine un dialogue avec un(e) camarade.

1.

AGENCE DE VOYAGES

2.

Les Zappeurs, Tome 12,
Ernst & Janssens
© Éditions Dupuis 2004

1 Lis la BD.

2 Où va la mère ?
a. À l'école.
b. À la maison.
c. Dans un club de sport.

3 Comment elle y va ?
a. En bus.   **b.** À pied.   **c.** En voiture.

4 Qu'est-ce qu'elle fait comme activité ?

5 Vrai ou faux ? La mère est :
a. cool : elle fait du yoga.
b. stressée : elle a des problèmes avec sa voiture.
c. contente : ses enfants sont à la maison.

civilisation

Des vacances de rêve !

Les lieux

Chez les grands-parents 1

La Guadeloupe 2

Barcelone 3

1 Observe les différentes façons de passer de bonnes vacances.
a. Sais-tu où se trouve la Guadeloupe ?

Les transports

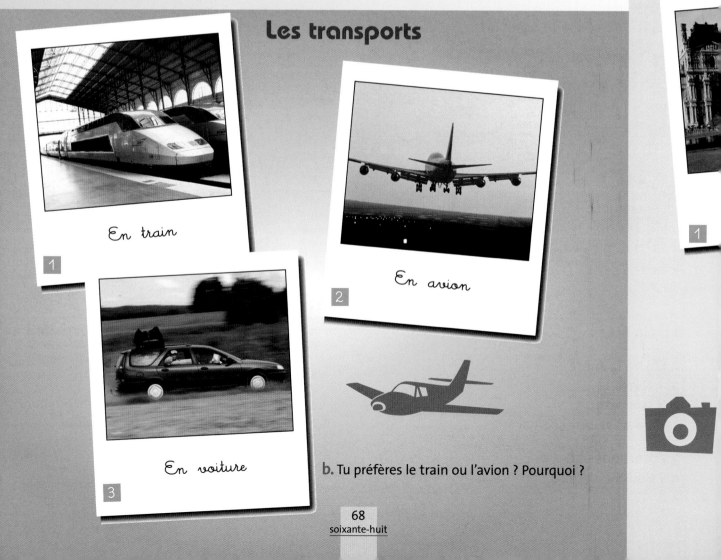

En train 1

En avion 2

En voiture 3

b. Tu préfères le train ou l'avion ? Pourquoi ?

Les logements

À l'hôtel

1

Dans une
maison

2

À l'auberge
de jeunesse

3

c. Regarde les logements de vacances :
sais-tu ce qu'est une auberge de jeunesse ?

Les activités

...ire
...isites

Faire
de la marche

2

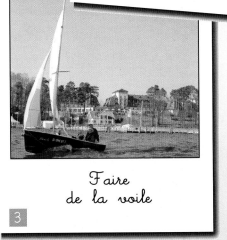

Faire
de la voile

3

d. Regarde les activités de vacances : connais-tu
d'autres activités qu'on fait pendant les vacances ?

2 Recopie le tableau dans ton cahier.
Lis les informations suivantes et complète
le tableau pour découvrir les vacances des
trois familles.

Tous les ans, les Gérardin vont en vacances à la
mer. Ils font de la voile.

Les Leblanc ne partent pas en avion, ils ne partent
pas en voiture non plus.

Les Toussardier aiment les vacances en famille à la
montagne.

Les Gérardin ne partent pas en vacances en voiture.

Les Leblanc vont en Espagne faire du camping.

Les parents des Toussardier ont une grande villa.

Les Gérardin vont à l'hôtel.

Les Toussardier aiment faire de la randonnée.

Familles	Lieux	Transports	Logements	Activités
Gérardin	...	...	...	...
Toussardier	...	...	...	...
Leblanc	...	...	...	...

3 Et toi ? Quelles sont tes vacances
préférées ? Complète le tableau et pose
des questions à ton voisin / ta voisine.

	Lieux	Transports	Logements	Activités
Moi	...	...	...	...
Mon voisin/ Ma voisine	...	...	...	...

Fais le point

DELF
A1

Compréhension orale

1 Écoute et réponds.

a. Comment part Arthur ?

b. Il va où ?

c. Il part avec qui ?

d. Qu'est-ce qu'ils font ?

Compréhension écrite

2 Mets les éléments de la carte postale dans l'ordre.

a. Comment ça va ? Moi, ça va très bien.

b. Maïa

c. Je suis chez mes grands-parents au Maroc, avec ma cousine.

d. Gros bisous

e. Je fais des photos de la montagne, c'est super beau !!!

f. Marrakech, le 12 avril 2006

g. Chère Zoé,

A. 12, rue des Frères Lumière

B. Zoé Leblanc

C. 69008 Lyon

Expression orale

3 Observe les images. Décris les vacances de Thibaut.

Expression écrite

4 Zoé répond à Maïa. Écris sa carte postale.

Mes mots

Les lieux de vacances	Les activités	Les moyens de transport
Aller	Faire	La voiture
Partir	Le sport	Le train
Le camping	Le kayak	L'avion
La montagne	La voile	
La campagne	L'équitation	**La carte postale**
La mer	Le snow-board	Cher(s) / Chère(s)
Au bord de la mer / de l'océan	Le vélo	Bisou(s)
La classe de mer	La luge	À bientôt
L'étranger		

UNITÉ 6

Quelle journée !

GRAMMAIRE

Les verbes *prendre* et *manger*
Il est quelle heure ? Il est ... heures.
À quelle heure... ?
Les verbes pronominaux : *se lever,*
se laver, se coucher

En grève !

1

2

3

ZOÉ ET

THOMAS. – Ah, salut Maïa !

MAÏA. – Salut ! Désolée, je suis en retard ; c'est la grève des bus. C'est terrible, il y a seulement deux bus par heure… Mais… Nico n'est pas là ?

ZOÉ. – Non, il est en retard… Il prend peut-être le bus aussi.

RÉMI. – Ah, enfin ! Il arrive !

MAÏA. – Salut Nico ! Toi aussi tu prends le bus et tu es en retard à cause de la grève ?

NICO. – Mais non, je ne prends pas le bus, je suis à pied ! Et je ne suis pas en retard, je suis en avance !

THOMAS. – En avance ? Mais non ! Tu es en retard de trente minutes !

NICO. – Mais, il est quelle heure ?

ZOÉ. – Il est trois heures et demie !

NICO. – Trois heures et demie ? Mais, à ma montre, il est trois heures moins le quart !

RÉMI. – Eh bien, ta montre aussi est en grève !!!

Observe les documents

1 Observe le document 4. Qu'est-ce que c'est ?

Tu comprends ?

2 Écoute. Qui est en retard à la MJ ? Pourquoi ?

3 Écoute et réponds.
a. Est-ce que Nico prend le bus pour aller à la MJ ?
b. Il est quelle heure quand Nico arrive ?
c. Il est quelle heure à la montre de Nico ?

GRAMMAIRE
Le verbe « prendre »
4 Observe le dialogue et complète.

Le verbe *prendre*	
Je …	Nous **prenons**
Tu …	Vous **prenez**
Il/Elle/On …	Ils/Elles **prennent**

→ *Entraîne-toi page 76.*

ORAL

ATTENTION !
Grève des bus mercredi

Deux bus par heure

4

9 Observe le dialogue et complète.
Trouve une autre façon de dire l'heure.

Il est trois heures et quart.	Il est quinze heures quinze.
15:30 Il est ...	Il est ...
🕐 Il est ...	Il est ...

N'oublie pas !

On peut dire l'heure de deux façons.
On part à trois heures et demie.
= On part à quinze heures trente.

➜ *Entraîne-toi page 76.*

10 Associe.

a. Il est midi et demi.
b. Il est deux heures.
c. Il est sept heures moins vingt.
d. Il est neuf heures du soir.
e. Il est minuit et quart.
1. Il est vingt et une heures.
2. Il est dix-huit heures quarante.
3. Il est zéro heure quinze.
4. Il est douze heures trente.
5. Il est quatorze heures.

A.

B.

C.

D.

E.

À toi !

11 a. Dessine une heure sur ton cahier.

11 b. Demande à tes camarades
quelle heure il est « chez eux ».

5 Écoute et observe.
a. Est-ce que la prononciation du verbe change ?
1. Je **prends** le train.
2. Tu **prends** le métro ?
3. Nico ne **prend** pas le bus.
b. Est-ce que la prononciation du **-e** change ?
1. Nous pr**e**nons le bus.
2. Vous pr**e**nez le bus aussi ?
3. Ils pr**e**nnent l'avion avec Maïa.

Mes mots

6 Écoute et complète.

20 : vingt ; **21** : vingt et un ; **22** : vingt-deux ;
23 : vingt-trois ; **24** : ... ; **25** : ... ; **26** : ... ;
30 : trente ; **31** : trente et un ; **32** : trente-deux ; **33** : ... ;
40 : quarante ; ... ; **50** : cinquante ; ... ; **60** : soixante ; ...

7 Écoute et écris les nombres en chiffres.

8 Il est quelle heure ? Écoute et associe.

a. 22:47 **b.** 21:31 **c.** 23:59 **d.** 20:24

1. ...   **2.** ...   **3.** ...   **4.** ...

Il est quelle heure chez toi Léon ?

Il est dix heures et quart.

INTERVIEW

Une journée difficile

La grève des bus, c'est terrible pour nous car on se lève plus tôt ou on est en retard à l'école, mais le travail de chauffeur de bus est difficile !

>> *Bonjour, comment tu t'appelles ?*
– Je m'appelle Marie.
>> *Qu'est-ce que tu fais quand c'est la grève des bus ?*
– Je suis élève au collège, et quand c'est la grève, je vais à l'école à pied. Je me lève à six heures du matin !
Je me couche à dix heures du soir, alors je suis fatiguée à l'école...
>> *En général, tu te lèves à quelle heure le matin ?*
– Je me lève à sept heures, je me lave, je prends mon petit déjeuner et je pars à huit heures moins le quart. Mais, avec la grève, je pars à sept heures !!! C'est très tôt !

Par Zoé et Thomas

>> *Bonjour monsieur. Comment vous vous appelez ?*
– Je m'appelle Michel.
>> *Vous êtes chauffeur de bus ; c'est un travail difficile ?*
– Oui, ce n'est pas un travail facile, c'est pour ça qu'on fait grève.
>> *Vous vous levez à quelle heure le matin ? Et vous travaillez à quelle heure ?*
– En général, je me lève à trois heures et demie du matin, alors je ne prends pas le petit déjeuner avec mes enfants. Je travaille de cinq heures à neuf heures, puis je fais une pause et, l'après-midi, je travaille encore de quinze heures à dix-sept heures quarante-cinq. Le soir, nous mangeons en famille et je me couche à vingt et une heures. Je travaille aussi le week-end alors je ne suis pas beaucoup avec ma famille, c'est difficile.

Par Maïa et Rémi

Observe les documents

1 À ton avis, qui sont les deux personnes interviewées ?

Tu comprends ?

2 Les journalistes disent « tu » à Marie et « vous » à Michel. Explique.

3 En général, à quelle heure se lève Marie ?

4 Michel dit : « Le travail de chauffeur de bus, ce n'est pas facile. » Trouve deux explications dans le texte.

5 Et d'après toi, le travail de chauffeur de bus est facile ou difficile ?

GRAMMAIRE

Les verbes pronominaux

6 Cherche dans les textes les formes du verbe *se lever* et complète.

Je ...	Nous **nous levons**
Tu ...	Vous ...
Il/Elle/On ...	Ils/Elles **se lèvent**

→ *Entraîne-toi page 77.*

7 Cherche dans les textes d'autres verbes pronominaux.

Le verbe « manger »
N'oublie pas !

Le verbe *manger*
Je **mang**e
Tu **mang**es
Il/Elle/On **mang**e
Nous **mang**eons
Vous **mang**ez
Ils/Elles **mang**ent

Mes mots

8 a Décris la journée de Marie. Associe.

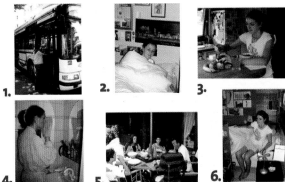

1. 2. 3.
4. 5. 6.

a. Elle se couche.
b. Elle prend son petit déjeuner.
c. Elle se lève.
d. Elle mange avec sa famille.
e. Elle se lave.
f. Elle prend le bus.

8 b Classe les activités de Marie.
Le matin : ...   L'après-midi : ...   Le soir : ...

N'oublie pas !

manger à midi = **déjeuner**
manger le soir = **dîner**
Il est dix heures **du matin / du soir**.
Il est trois heures **du matin / de l'après-midi**.

À toi !

9 Écris une heure au tableau et mime un moment de ta journée. La classe devine ce que tu fais et dit à quelle heure.

Euh...tu te lèves à 19h30 ? Non ?
Tu manges à sept heures et demie du soir ?

Atelier langue

GRAMMAIRE

Prendre
Je **prends**
Tu **prends**
Il/Elle/On **prend**
Nous **prenons**
Vous **prenez**
Ils/Elles **prennent**

1 Complète avec le verbe *prendre*.

a. Je ... le bus pour aller à l'école. Toi aussi ?

b. Nico ne ... pas le bus.

c. Quand nous partons en vacances, nous ... le train.

d. Vous ... le bus pour aller au travail ?

e. Thomas et Rémi ... le train.

2 Associe.

a. Je

b. Jeanne et Bertrand

c. Thierry et toi

d. Tu

e. Mon frère

f. Ma mère et moi

1. pars en vacances cet été ?

2. prenez un taxi.

3. prends mon petit déjeuner à 7 h.

4. prennent des photos de la tour Eiffel.

5. partons en vacances au printemps.

6. prend l'avion samedi.

L'heure

3 Écoute et trouve l'heure que tu entends.

a. 20 h 37 – 21 h 35 – 21 h 37

b. 10 h 45 – 11 h 45 – 12 h 45

c. 21 h 15 – 22 h 15 – 0 h 15

d. 8 h 15 – 8 h 30 – 8 h 45

e. 00 h 00 – 10 h 00 – 12 h 00

4 Associe.

a. 12 h 35   **1.** Il est cinq heures quarante-cinq.

b. 5 h 45   **2.** Il est sept heures trente.

c. 22 h 57   **3.** Il est vingt-deux heures cinquante-sept.

d. 7 h 30   **4.** Il est midi trente-cinq.

5 Il est quelle heure ? Écris.

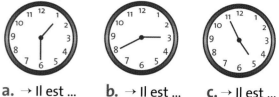

a. → Il est ...   **b.** → Il est ...   **c.** → Il est ...

6 Observe les dessins et réponds aux questions.

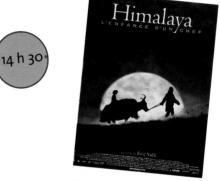

•14 h 30•

a. Le film est à quelle heure ?

On va à Paris, c'est super !

b. À quelle heure part le train pour Paris ?

Éric, tu as l'heure s'il te plaît ?

c. Il est quelle heure à la montre d'Éric ?

7 Trouve les questions.

a. ... ? Nous allons chez Sophie à 16 h.

b. ... ? Jean et moi, nous prenons l'avion à 23 h 15.

c. ... ? À ma montre, il est 9 h 55.

d. ... ? Mon père part à Vienne lundi matin à 6 h.

e. ... ? En France, on dîne à 20 h.

Les verbes pronominaux et le verbe « manger »

Manger
Je mange
Tu manges
Il mange
Nous mangeons
Vous mangez
Ils/Elles mangent

Se lever	Se coucher
Je me lève	Je me couche
Tu te lèves	Tu te couches
Il/Elle/On se lève	Il/Elle/On se couche
Nous nous levons	Nous nous couchons
Vous vous levez	Vous vous couchez
Ils/Elles se levent	Ils/Elles se couchent

8 Conjugue les verbes.

« Bonjour, comment c'est une journée à la Star Academy ? Vous ... (se lever) à quelle heure ?
On ... (se lever) à huit heures et on ... (prendre) le petit déjeuner avec les copains.
Puis, on ... (se laver) et on va en classe.
Vous ... (manger) avec les professeurs ?
Non, nous ... (manger) à la cantine, et les profs ne ... pas (manger) avec nous.
Vous ... (se coucher) à quelle heure ?
En général, nous ... (se coucher) à vingt-deux heures trente ou vingt-trois heures, mais moi, je ... (se coucher) à minuit ! »

9 Mets les phrases dans l'ordre.

a. Vous à vous heure ? quelle lavez

b. nous sept nous Le levons matin heures. à

c. Je me dix couche à heures pas demie. ne et

N'oublie pas !

La forme négative avec les verbes pronominaux
Je ne me lève pas à 6 h.

10 Conjugue les verbes et réponds aux questions.

a. Le samedi, vous ... (se réveiller) à 7 heures ? (Non, à 9 heures)

b. Le soir, tu ... (se coucher) à 23 heures ? (Non, à 22 heures)

c. Marie ... (se laver) les cheveux et prend sa douche le soir ? (Non, le matin)

d. Karen et Marc ... (se lever) tôt le week-end ? (Non, à 10 heures)

PHONÉTIQUE
Les sons [ʃ] et [ʒ]

11 Écoute et chante.

Aujourd'hui, c'est dimanche
Et c'est mon jour de chance !
J'ai le temps, tout mon temps.
C'est la journée de la chambre.
Je joue, je chante et je mange.
Je me lève, je me douche,
Et après je me recouche !
Mon refuge, c'est ma chambre !
C'est la joie du dimanche !
Je me lève, je me douche,
Et après je me recouche !

12 Classe les mots de couleur.

[ʃ]	[ʒ]
Dimanche, ...	Aujourd'hui, ...

13 Comment s'écrit le son [ʃ] ? Et le son [ʒ] ?

14 Complète le tableau avec d'autres mots que tu connais.

Communique

1 Regarde l'agenda d'Adrien
et dis à quelle heure et quel(s) jour(s) :
a. Il fait du sport. → ...
b. Il regarde la télévision. → ...
c. Il joue au basket avec son cousin Rémi. → ...
d. Il va à l'atelier journalisme. → ...
e. Il part à la campagne avec sa famille. → ...

mon agenda

• Lundi **18** septembre •
17 h **Rémi – match de basket**
• Mardi **19** septembre •
Atelier spécial : interview de Julien, champion de ski
• Mercredi **20** septembre •
16 h **compétition de judo**
• Jeudi **21** septembre •
14 h **séance de ciné au collège**

mon agenda

• Vendredi **22** septembre •
18 h **film : Astérix et Cléopâtre (TV5)**
• Samedi **23** septembre •
week-end à Sarlat (départ à 8 h)
• Dimanche **24** septembre •
repos à Sarlat !

2 a Observe les activités de Fabien.
Qu'est-ce qu'il fait :

1.   **2.**   **3.**   **4.**   **5.**   **6.**   **7.**   **8.**

a. le matin → ...   **b.** le midi → ...   **c.** l'après-midi → ...   **d.** le soir → ...

2 b Et toi, qu'est-ce que tu fais ?

3 Qu'est-ce qu'ils regardent ?

PROGRAMME

TF1	FRANCE 3	M6
20 h : *le journal*	20 h 10 : *série :*	20 h : *dessin animé :*
20 h 30 : *la météo*	Plus belle la vie !	Les Timbrés
20 h 50 : *émission :*	20 h 40 : *Loto*	20 h 25 : *match de football :*
Star Academy	20 h 55 : *documentaire :*	(Lorient-Strasbourg)
	L'Histoire de France	22 h : *film :* King Kong

a. Laurent adore le sport. Qu'est-ce qu'il regarde ? À quelle heure ?
b. Fanny n'est pas contente. Il ne fait pas beau aujourd'hui. Et demain ? Qu'est-ce qu'elle regarde ? À quelle heure ?
c. Luc est fan de Lorie. Il adore chanter. Qu'est-ce qu'il regarde ? À quelle heure ?
d. Cécile et Laurence adorent le cinéma. Qu'est-ce qu'elles regardent ? À quelle heure ?

4 a Remets le texte dans l'ordre.
a. et je prends mon petit déjeuner.
b. Puis, je me lave et je m'habille.
c. *Voilà, c'est ma journée ! (12)*
d. À 16 h, je fais du sport avec mon copain Fabien
e. mes parents regardent la télévision,
f. *Le matin, je me lève à 6 h 30, (1)*
g. Je vais au collège à 9 h.
h. À midi, je déjeune à la maison avec ma sœur et ma mère.
i. Je repars au collège à 13 h 30
j. mais moi, je préfère lire un livre, j'adore les BD.
k. Le soir, nous dînons en famille, et
l. Je me couche tôt, à 21 h 30.

4 b Et toi ? Écris un texte pour raconter une journée de ta semaine.

BD : Un beau matin

Boule et Bill, « *Faut Rigoler !* »
© DARGAUD BÉNÉLUX
(Dargaud-Lombard)
© SPRL Jean Roba 1991 by Roba

1 Lis la BD et réponds.
a. Boule se réveille à quelle heure ?
b. Il se lève à quelle heure ?

2 Associe.
a. se brosser les dents
b. prendre sa douche
c. s'habiller

3 Trouve dans la BD l'expression pour dire :
Je déteste. = ...

4 Qu'est-ce que Boule ne fait pas avant de partir à l'école ?

5 Imagine la suite de la journée de Boule.
À neuf heures moins le quart, Boule arrive à l'école...

Un petit tour de France

**Un journaliste du *Mag'* voyage pour vous.
Voici les photos de son tour de France en train.**

Le TGV
(Train à Grande Vitesse)
est le train le plus rapide
d'Europe !
Il va jusqu'à
300 km/heure !

Le Mont-Saint-Michel

Beaucoup de touristes visitent cette belle abbaye.
Ce n'est pas une île : on arrive au Mont-Saint-Michel
par une route.

LONDR
CAL
PARI
MONT-SAINT-
MICHEL
CLERMO
FERRA
CARCASSONNE

Carcassonne

Dans cette ville du Moyen Âge, on
est comme dans un film. Génial
pour jouer aux chevaliers !

La Camargue

Ici, c'est le paradis des animaux ! On trouve des chevaux
blancs, des taureaux noirs et des flamants roses !

Le tunnel sous la Manche

On va à Londres en train ou en voiture par le tunnel sous la Manche. Paris-Londres en Eurostar, c'est seulement un peu plus de deux heures et demie !

STRASBOURG

km = 2 h 20

LYON

ARSEILLE

Strasbourg

Strasbourg est la capitale de l'Europe. C'est une ville moderne, mais, dans le centre-ville, on fait tous du vélo !

Les volcans d'Auvergne

Ce ne sont pas des montagnes, ce sont des volcans ! Mais pas de panique, ils ne vont pas se réveiller !

1 Où est Nico ? Observe les documents. Associe les phrases aux lieux.

a. « Je suis à la mer et je pars à l'étranger. »

b. « C'est une ville de chevaliers ! »

c. « Dans cette ville, on adore faire du vélo. »

d. « Pas facile de faire des photos avec tous les touristes ! »

e. « Ils sont beaux mais attention s'ils se réveillent ! »

f. « Les animaux adorent vivre ici. »

2 Observe le parcours du TGV sur la carte et réponds.

a. Nico part de Paris à 12 h 15 et va à Calais. À quelle heure il arrive ?

b. Nico part de Strasbourg à 8 h 30. Il arrive à 10 h 50. Il va où ?

c. Nico arrive à Lyon à 20 h 42. À quelle heure il part de Carcassonne ?

3 À toi ! Avec deux ou trois camarades, présente un lieu touristique de ton pays.

Fais le point

DELF
A1

Compréhension orale

🎧 **1** Écoute et réponds.

a. À quelle heure est-ce que Rémi et Zoé se lèvent ?

b. Quel bus prennent Zoé et Rémi ? À quelle heure ?

c. Quand est-ce que Rémi et Zoé travaillent avec les animaux ?

d. Que font Zoé et Rémi le soir ?

Compréhension écrite

2 Voici la matinée de Timothée. Associe.

a. Il est sept heures. Je prends le petit déjeuner avec ma famille.

b. Oh non ! Il est huit heures moins le quart, je suis en retard.

c. C'est la grève des bus, je vais à l'école à pied.

d. Il est six heures et demie ! C'est l'heure de se lever !

Expression orale

3 Choisis une ville et demande l'heure à un(e) camarade.

Exemple : « Il est vingt et une heures à Paris. Il est quelle heure à Sydney ?
– Il est sept heures du matin. »

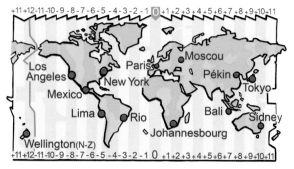

Expression écrite

4 Recopie l'horloge. Pour chaque phrase, dessine et écris l'heure.

a. Le matin, je me lève à …

b. Je prends mon petit déjeuner à …

c. Je vais à l'école à …

d. À midi, je déjeune à …

e. Le soir, je dîne à …

f. Je me couche à …

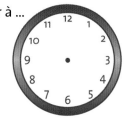

Mes mots

Mes mots

Les nombres de 20 à 69

Vingt
Vingt et un
Trente
Trente et un
Quarante
Quarante-deux
Cinquante
Soixante

L'heure

Midi
Minuit
Le matin
L'après-midi
Le soir
Et quart
Et demi(e)
Moins le quart

Les activités quotidiennes

Se réveiller
Se lever
Se laver
Prendre sa douche
Prendre son petit déjeuner
Se brosser les dents
S'habiller
Manger
Déjeuner
Dîner
Se coucher

UNITÉ 7
Chez moi

GRAMMAIRE

Le mode impératif (affirmatif)
Il y a / Il n'y a pas de
Les prépositions : *sur, sous, dans,*
à côté de, devant, derrière

Ma nouvelle maison

1 **2** **3**

MAÏA. – Salut ! Entrez !

RÉMI. – Oh ! là là ! Il y a des cartons partout !

ZOÉ. – C'est normal, ils emménagent !

MAÏA. – Venez visiter la maison. Ici, en bas, c'est le salon. Là, c'est la cuisine. Et les toilettes sont là.

THOMAS. – C'est grand...

MAÏA. – Montons maintenant. En haut, il y a trois chambres et deux salles de bains.

ZOÉ. – Deux salles de bains, c'est cool !

MAÏA. – Oui. Une pour ma sœur et moi dans le couloir, et une pour mes parents.

THOMAS. – On monte des cartons, Maïa ?

MAÏA. – D'accord, bonne idée. Rémi et Zoé, montez les cartons, et toi, Thomas, prends le sac. Faites attention dans les escaliers...

ZOÉ, MAÏA ET THOMAS. – Rémi, ça va ?

RÉMI. – Oui, oui.

THOMAS. – Bon, regarde où tu marches maintenant !

Observe les documents

1 Où sont Maïa, Rémi, Zoé et Thomas ?

2 Observe le document 4. À ton avis, qu'est-ce que c'est ?

Tu comprends ?

3 Écoute. Que veut dire « ils emménagent » ?

a. La famille de Maïa arrive dans une nouvelle maison.

b. La famille de Maïa part de sa maison.

c. La famille de Maïa visite une maison.

4 Écoute. Comment est la maison de Maïa ?

a. En bas, il y a un salon, une cuisine, deux chambres.

b. En bas, il y a un salon, des toilettes, une cuisine.

c. En haut, il y a une salle de bains et deux chambres.

d. En haut, il y a deux salles de bains et trois chambres.

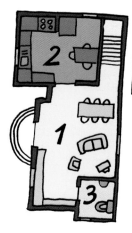

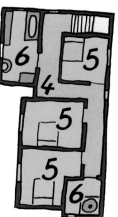

4

8 Classe les phrases.

Entrez. – Venez visiter. – Montons. – Montez les cartons. – Prends le sac. – Faites attention. – Regarde.

Un ordre	Une invitation	Un conseil
Montez les cartons. ...	...	...

→ *Entraîne-toi page 88.*

Mes mots

9 Observe le document 4 et complète.
a. les toilettes   b. la cuisine   c. le salon
d. le couloir   e. la salle de bains   f. la chambre
1. ... **2.** ... **3.** ... **4.** ... **5.** ... **6.** ...

10 Associe.
a. la maison
b. les escaliers
c. en bas
d. en haut

À toi !

11 Invite ton/ta camarade chez toi, et fais visiter ta maison.

GRAMMAIRE
L'impératif

5 Classe les phrases dans le tableau.
Montez les cartons. – Montons maintenant. – On monte des cartons.

Verbe au présent = sujet + verbe	Verbe à l'impératif = verbe (pas de sujet)
...	Montez les cartons. ...

6 Cherche dans le dialogue les sept formes verbales à l'impératif et trouve la personne.
a. **Entrez !** → vous   d. ... → ...   g. ... → ...
b. ... → ...   e. ... → ...
c. ... → ...   f. ... → ...

7 Complète avec les verbes de l'exercice 6.

Monter	Entrer	Aller	...	...	...
Monte	...	...	...	...	...
Montons	...	...	...	...	...
Montez	Entrez	...	...	...	...

→ *Entraîne-toi page 88.*

Test Ta chambre est-elle ton jardin secret ?

> « Ma mère n'aime pas entrer dans ma chambre. Il y a des affaires partout ! Mais moi, j'adore mon désordre ! »
> Lisa, 12 ans

1. Sur la porte de ta chambre, c'est écrit :
- ■ Entrez.
- ▲ Frappez avant d'entrer.
- ● Entrée interdite !

2. Sur les murs de ta chambre, il y a :
- ▲ des posters de stars.
- ■ il n'y a pas de posters.
- ● des photos d'art ou de voyages.

3. Dans ta chambre, avec tes copains et copines :
- ▲ vous écoutez de la musique.
- ■ vous faites les devoirs de maths.
- ● vous parlez de tes secrets.

4. Ton objet préféré est :
- ▲ ton ordinateur.
- ■ ton lit.
- ● ton journal intime.

5. Sur tes étagères, il y a :
- ■ tes livres d'école.
- ● des affaires en désordre.
- ▲ ta chaîne hi-fi et tes CD.

6. Toi, dans ta chambre, tu es :
- ▲ allongé(e) sur ton lit.
- ■ assis(e) devant ton bureau.
- ● par terre.

7. Tes vêtements sont :
- ▲ sur une chaise.
- ● partout : par terre, sur, sous et à côté de ton lit.
- ■ dans ton placard.

RÉSULTATS

– Maximum de ● : Ta chambre est ton jardin secret ; c'est privé ! On n'entre pas : il y a tous tes secrets !

– Maximum de ▲ : La porte de ta chambre est ouverte. Tu aimes bien inviter tes copains et copines ou tes frères et sœurs, mais tu aimes aussi être seul(e).

– Maximum de ■ : Ta chambre est une pièce de la maison comme les autres. Il n'y a pas de secrets. Tu aimes aussi être avec ta famille dans les autres pièces de la maison.

Observe les documents

1 Quel est le sujet du test ?
a. Le jardin.   **b.** La chambre.   **c.** Les secrets.

Tu comprends ?

2 Associe.
a. Entrez.
b. Frappez avant d'entrer.
c. Entrée interdite !

3 Lis le test. Imagine les réponses de Lisa.
a. Question 2 : ▲ ■ ●
b. Question 5 : ■ ● ▲
c. Question 6 : ▲ ■ ●

4 Réponds au test et lis ton résultat.

GRAMMAIRE

« Il y a »

5 Cherche dans le texte les phrases pour dire :
a. Des posters sont sur les murs.
→ **Sur les murs, il y a des posters.**
b. Tes livres d'école sont sur tes étagères. → ...
c. Tous tes secrets sont là ! → ...

6 Observe la photo et réponds.
Dans la chambre de Lisa, il y a ...

N'oublie pas !

> Il y a un/une/des ≠ Il **n'y a pas de/d'**
> Il y a des posters.
> ≠ Il **n'** y a **pas de** posters.

→ *Entraîne-toi page 88.*

Les prépositions et les adverbes de lieu

7 Situe dans la chambre.
Observe les dessins et associe.
Les vêtements sont ...
a. sous la chaise : ...
b. à côté de la chaise : ...
c. sur la chaise : ...
d. devant le placard : ...
e. dans le placard : ...
f. derrière le placard : ...

→ *Entraîne-toi page 89.*

Mes mots

8 Observe la chambre de Lisa et complète.
a. le lit
b. le bureau
c. l'ordinateur
d. les posters
e. les étagères
f. la chaise
g. les vêtements
h. la chaîne hi-fi

1. ...   **2.** ...   **3.** ...   **4.** ...   **5.** ...   **6.** ...   **7.** ...   **8.** ...

À toi !

9 Décris ta chambre à un(e) camarade.
Il/Elle la dessine.

Dans ma chambre,
il y a des posters sur les murs.

Atelier langue

GRAMMAIRE

L'impératif

Regarder	Faire	Prendre
Regarde !	Fais !	Prends !
Regardons !	Faisons !	Prenons !
Regardez	Faites !	Prenez !

1 Présent ou impératif ?
Complète avec *tu, vous* ou Ø.
Exemple :
a. Ø allons visiter ma chambre !
b. ... allez à l'école en bus ou à pied ?
c. ... regardez ! C'est la nouvelle maison de Maïa !
d. ... regardez la télévision le soir ?
e. ... monte dans ta chambre !
f. ... montes dans ta chambre ?

2 Mets les phrases à l'impératif.
Exemple :
a. (Aller) à l'école → **Va à l'école !**
– **Allons à l'école ! – Allez à l'école !**
b. (Écouter) ce CD. → ...
c. (Ranger) ces livres. → ...
d. (Frapper) à la porte. → ...
e. (Aller) dans le salon. → ...

3 Lis les phrases soulignées et dis si c'est un ordre, une invitation ou un conseil.
a. Thomas et Alex : « Il ne fait pas beau aujourd'hui... »
Sa mère : « <u>Regardez un DVD !</u> »
b. Lisa : « Papa, je vais chez Luc. »
Son père : « <u>Avant, fais tes devoirs !</u> »
c. Les parents de Rémi : « Bonjour ! Comment allez-vous ? »
Les parents de Maïa : « Très bien, merci ! <u>Entrez !</u> »

4 Utilise les verbes pour donner un ordre ou un conseil.
entrer – monter – regarder – observer – faire attention

a. ...   b. ...   c. ...   d. ...   e. ...

« Il y a »

N'oublie pas !

Il y a un/une/des ≠ Il n'y a pas de/d'
Il y a des posters.
≠ Il n'y a pas de posters.

5 Observe et complète avec *Il y a* ou *Il n'y a pas de*.
Dans ma chambre : **a.** Il y a ...   **b.** Il n'y a pas ...

6 Transforme les phrases.
Exemple : **a.** Dans la salle de bains, il y a une douche. (Non, une baignoire)
→ **Dans la salle de bains, il n'y a pas de douche, il y a une baignoire.**
b. Dans la cuisine, il y a une petite table. (Non, une grande table)
c. En bas, il y a une salle de bains. (Non, des toilettes)
d. En haut, il y a un séjour. (Non, trois chambres)

Les prépositions et les adverbes de lieu

7 Choisis et complète.

en haut – dans – sur – en bas – sous.

a. Allons ... ma chambre !

b. Chez moi, il y a deux étages. Les chambres sont ... et le salon et la cuisine sont ...

c. ... les murs de ma chambre, il y a des photos partout.

d. Mon chien se couche ... mon lit.

8 Lis la description du salon de Jean.
Dessine le salon dans ton cahier.

• Une table   • Une télévision   • Un canapé

• Un fauteuil   • Des livres   • Un chat

« Dans mon salon, il y a une petite table basse.
Devant la table, il y a une télévision. Derrière
la table, il y a un canapé. À côté du canapé,
il y a un fauteuil. Des livres sont sur la table.
Mon chat aime aller sous la table du salon. »

9 Décris la chambre de Rémi avec :

sur – sous – à côté de – dans – devant – derrière.

Dans la chambre de Rémi, il y a une chaise devant le bureau, ...

10 Complète le dialogue avec :
dans – à côté de – derrière – sur – dans.

La mère : Qu'est-ce que tu cherches ?

Thomas : Je cherche mon T-shirt jaune.

La mère : Il n'est pas ici ! Regarde ... ton placard, ou ... ton lit !

Thomas : Non, il n'est pas là !

La mère : Et en haut, ... la chambre de tes sœurs !

Thomas : Il y a des affaires partout ... la porte !
Impossible d'entrer !

La mère : Oh, mais qu'est-ce que c'est, là, ... l'ordinateur ?

Thomas : Mon T-shirt jaune !

PHONÉTIQUE
Les oppositions [f]/[v], [b]/[p], [b]/[v]

11 Écoute et répète.

a. le bain **b.** le pain **c.** vous **d.** fou **e.** boire **f.** voir

12 Écoute et retrouve la phrase que tu entends.

a. Prenez un bain. / Prenez un pain.

b. La belle de Paris. / L'appel de Barry.

c. Les vrais amis. / Les frères Zami.

d. C'est fou ! / C'est vous ?

e. Allons voir ! / Allons boire !

f. Il sent bon. / Ils s'en vont.

13 Écoute et chante.

Vous êtes bien assis, vous êtes bien ici ?
Voici donc ma chambre, c'est mon paradis !
Venez visiter mon jardin secret,
Frappez et entrez dans ma vie privée.
Prenez une chaise, devant le bureau ;
Ou bien à votre aise, par terre oui bravo !

Communique

1 Cherche l'intrus.

a. se laver – manger – dîner – déjeuner

b. la chambre – le lit – la salle de bains – le séjour

c. une chaise – un bureau – une étagère – un ordinateur

2 Observe les deux dessins et trouve les cinq différences.

a.

b.

3 Observe les dessins et complète les bulles.

Vite, …,
le train part !

Marc, …
tes devoirs !

Victor, …,
il est tard !

… le match
ensemble !

1.

2.

3.

4

4 Une invitation !

Donne des indications à tes amis pour aller chez toi.
(Utilise l'impératif et le présent.)

*prendre le bus numéro 7 – descendre à Masséna –
marcher (5 minutes) – arriver (grande maison blanche) –
entrer (jardin) – monter (escalier) – frapper (porte) –
prendre (pop corn)*

| De : |
| À : |
| Objet : Salut les copains ! |

Pour aller chez moi, …
À ce soir pour regarder le match !
…

5 Choisis deux/trois verbes dans la liste et donne des ordres à ton/ta voisin(e).

écouter – faire – prendre – aller – travailler – entrer – frapper – monter – venir faire

Nico et Kinuko, scénario de
Marc Cantin © *Astrapi*,
Bayard Jeunesse, 2004.

1 Comment s'appellent les parents de
Nico ? Et les parents de Kinuko ?

2 Est-ce que Nico et Kinuko sont amis ?

3 Dans la BD, trouve les expressions pour
dire :

a. Il habite à côté de chez moi. = C'est mon ...
b. Être ami = ...

Vivre en France

a. le toit

f. les chaises

g. le jardin

b. les fenêtres

c. la porte d'entrée

d. la terrasse

e. la table

un appartement

un chalet

une villa

une maison de campagne

1 Observe la photo page 92 et associe les parties de la maison.

2 a Rémi visite la maison de ses copains. Associe les photos aux descriptions.

a. « Bonjour ! Je m'appelle Lucie ! J'habite en Haute-Savoie, à la montagne. Ma maison est en bois. Elle est très haute. L'hiver, il y a de la neige sur le toit. »

b. « Moi, c'est Nicolas ! J'habite à Cannes au bord de la mer. Ma maison est très grande. Il y a une piscine. L'été, on mange sur la terrasse, c'est super ! »

c. « Bonjour ! Je m'appelle Marie. J'habite à Paris dans un immeuble ; il y a seulement quatre pièces. Mais il y a des fenêtres partout et une vue sur la Seine, c'est génial ! »

d. « Salut ! Je m'appelle Damien. J'habite à Sarlat. Les pièces de ma maison sont très grandes. Il y a un garage. Mes chiens aiment aller dans le grand jardin. »

e. Quelle maison tu préfères ? Pourquoi ?

2 b Décris la maison de tes rêves.

Fais le point

DELF A1

Compréhension orale

1 Écoute. Vrai ou faux ?

a. Il y a des livres sur la chaise.
b. Les vêtements sont sous le lit.
c. Les CD sont à côté de la chaise.
d. Il n'y a pas d'affaires partout.

Compréhension écrite

2 À qui sont ces maisons ? Associe.

Chez moi, il y a cinq pièces. Deux chambres, une pour moi et une pour mes parents, une salle de bains, une cuisine et un grand salon.

1.

a.

J'habite seul. Chez moi, c'est très petit ; il y a seulement une chambre, et la cuisine est dans le salon.

2.

b.

Ma maison est super ! Chez moi, il y a trois chambres : une pour mon frère, une pour moi et une pour mes parents. Nous avons deux grandes salles de bains et un grand salon. La cuisine est petite, mais elle n'est pas dans le salon.

3.

c.

Expression orale

3 Choisis un objet dans la classe. Ton/ta camarade te pose des questions pour deviner ce que c'est.

Exemple : « **Est-ce que c'est à côté de ton livre ?**

– Oui, c'est à côté de mon livre.

– C'est ton stylo ! »

Expression écrite

4 Décris ta chambre. Utilise les mots :

sur – à côté de – dans – sous le bureau – la chaise – le lit – les livres – la chambre – le placard.

Mes mots

La maison	La chambre	Les prépositions et les adverbes de lieu
La cuisine	Le mur	Sur
Le salon	La porte	Sous
Le couloir	L'étagère	Dans
Les toilettes	Le lit	À côté de
La chambre	La chaise	Devant
La salle de bains	Le bureau	Derrière
Les escaliers	Le placard	En haut
	La chaîne hi-fi	En bas
	L'ordinateur	
	Les vêtements	

UNITÉ 8

On va faire la fête !

GRAMMAIRE

Le futur proche (affirmatif et négatif)
Le verbe *venir*
Je voudrais
Est-ce que ? / Qu'est-ce que ?

Anniversaire surprise

1

2

3

LE PÈRE
DE RÉMI. – Allô ?

MAÏA. – Allô ! Bonjour, c'est Maïa. Je voudrais parler à Rémi, s'il vous plaît.

LE PÈRE
DE RÉMI. – Oui, je te le passe.

MAÏA. – Merci.

RÉMI. – Allô ? Salut Maïa, ça va ?

MAÏA. – Oui, ça va. Qu'est-ce qu'on fait pour l'anniversaire de Zoé ?

RÉMI. – On fait la fête chez toi, non ? C'est grand dans ta nouvelle maison...

MAÏA. – Oui, je vais demander à mes parents. Et qu'est-ce qu'on achète comme cadeau pour Zoé ?

RÉMI. – Euh... je ne sais pas, je n'ai pas d'idée...

MAÏA. – Bon, d'accord, je vais acheter le cadeau, et toi, tu vas acheter les boissons... les bougies... les ballons...

RÉMI. – D'accord...

MAÏA. – Et tu vas faire le gâteau...

RÉMI. – Mais je ne sais pas faire les gâteaux !

MAÏA. – Ah bon ? D'accord, je vais aussi faire le gâteau alors ! Et qui va écrire les invitations ? Allô ? Allô ?... Oh non ! Mon portable ne marche plus ! Bon, je vais aussi écrire les invitations...

Observe les documents

1 Observe le document 4.
Qu'est-ce que c'est ?
a. Une invitation pour l'anniversaire de Maïa.
b. Une invitation pour l'anniversaire surprise de Zoé.
c. Une invitation pour fêter la nouvelle maison de Maïa.

2 Qu'est-ce que c'est ?
a. Un portable.
b. Un téléphone.
c. Un baladeur MP3.

Tu comprends ?

3 Écoute. Vrai ou faux ?
a. La fête d'anniversaire va être chez Zoé.
b. Rémi a une idée pour le cadeau de Zoé.
c. Le portable de Maïa ne marche plus.

4 Écoute et fais des phrases.

a. Maïa	• va faire	**1.** le cadeau.
		2. les boissons, les bougies et les ballons.
b. Rémi	• va acheter	**3.** le gâteau.
		4. les invitations.

ORAL

C'EST L'ANNIVERSAIRE DE ZOÉ !

On va faire la fête
samedi 7 mai à 18 h 30
chez moi.

Attention ! Chut !
C'est une surprise !

Maïa

4

GRAMMAIRE

Le futur proche

5 Observe et classe les phrases dans le tableau.

a. Qu'est-ce qu'on achète comme cadeau ?

b. Je vais acheter le cadeau.

c. Tu vas acheter les boissons.

d. Mon portable ne marche plus !

Le présent (maintenant)	Le futur proche (bientôt)
Qu'est-ce qu'on <u>achète</u> comme cadeau ?	Je <u>vais acheter</u> le cadeau.
…	…

→ *Entraîne-toi page 100.*

6 Observe et mets à la forme négative.

Le futur proche	
Forme affirmative	Forme négative
verbe « **aller** » **au présent** + verbe **à l'infinitif**	**ne / n'** + verbe « aller » au présent + **pas** + verbe à l'infinitif
Je <u>vais acheter</u> le cadeau.	Je <u>ne vais pas acheter</u> le cadeau.

a. Je vais demander à mes parents. → …

b. Je vais écrire les invitations. → …

« Je voudrais... »

7 Dans le dialogue, trouve la phrase pour dire :

« C'est possible de parler à Rémi, s'il vous plaît ? »

N'oublie pas !

Pour faire une demande polie, on utilise :
je voudrais + verbe à l'infinitif
+ nom
Maman, je voudrais inviter mes copains à la maison.
Je voudrais un gâteau, s'il vous plaît.

→ *Entraîne-toi page 100.*

Mes mots

8 Associe les mots aux illustrations :

une fête – une invitation – un gâteau – des boissons – un anniversaire – un cadeau – des bougies – des ballons.

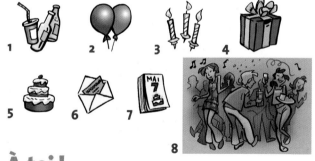

1 2 3 4

5 6 7

8

À toi !

9 Téléphone à un(e) camarade pour organiser une fête d'anniversaire.

Bonjour, c'est Léon, je voudrais parler à Théo, s'il vous plaît.

Oui, c'est moi.

Salut, c'est l'anniversaire de mon cousin Idéfix et...

BRICOLAGE

Drôles d'invitations !

C'est bientôt les vacances et tu vas faire la fête ?
Épate tes copains avec des invitations sympas !

Est-ce que vous aimez le rock, le rap, le R'nB ?

Venez au concert de la Maison des Jeunes pour

La Fête de la musique le 21 juin à 18 h !

Réponse avant le 15 juin SVP

Coupon – réponse :
Nom : .... Prénom : ....

Est-ce que vous venez ?
OUI ☐   NON ☐

Qu'est-ce que vous apportez ?

☐ une boisson

☐ un gâteau

1

2

Samedi 1er juillet,
C'est le premier jour des vacances !
Tu viens faire la fête chez moi ?
De 17ʰ à 21ʰ, on va danser !
Apporte des CD !

Julie

06 . 61 . 18 . 21

3

JANVIER								FÉVRIER								MARS						
L	M	M	J	V	S	D		L	M	M	J	V	S	D		L	M	M	J	V	S	D

Observe les documents

1 Qu'est-ce que c'est ?

a. Des cartes postales de vacances.

b. Des cadeaux pour les copains.

c. Des invitations pour faire la fête.

Tu comprends ?

2 Lis les documents 1 et 2.
À ton avis, qui écrit ?

3 Vrai ou faux ?

Le 21 juin à la MJ : **a.** On va faire des gâteaux.

b. On va manger.

c. On va écouter de la musique.

d. On va apporter des CD.

4 Choisis la bonne réponse.

a. La fête de Julie, c'est :

1. le 01/07   **2.** le 01/06   **3.** le 07/01

b. Julie invite ses copains :

1. pour fêter les vacances.

2. pour la Fête de la musique.

3. pour son anniversaire.

GRAMMAIRE

Le verbe « venir »

5 Retrouve dans les documents deux
formes du verbe *venir* au présent.

Le verbe *venir* au présent			
Je	**viens**	Nous	**venons**
Tu	**viens**	Vous	**venez**
Il/Elle/On	**vient**	Ils/Elles	**viennent**

N'oublie pas !

Le verbe *venir*	Le verbe *aller*
Salut Maïa tu viens chez moi?	Maman, Je vais chez Zoé.

→ *Entraîne-toi page 100.*

L'interrogation avec « est-ce que... ? » et « qu'est-ce que... ? »

6 Trouve dans le document 1 les phrases
pour dire :

a. « Vous aimez le rock ? »   **b.** « Vous venez ? »

7 Trouve les réponses possibles :

1. Est-ce que vous apportez un gâteau ?
(= Vous apportez un gâteau ?) → ...

2. Qu'est-ce que vous apportez ? → ...

a. Un gâteau / Des boissons...

b. Oui / Non / Je ne sais pas...

→ *Entraîne-toi page 101.*

Mes mots

8 Observe le document 3. Écris les dates
d'anniversaire des copains de Maïa.

Exemple : **a.** *L'anniversaire de Julie est le douze novembre.*

b. *L'anniversaire de Zoé est le ...*

Les anniversaires de mes copains

a. Julie = 12/11

b. Zoé = 7/05

c. Thomas = 2/12

d. Nico = 1/01

e. Marie = 20/04

f. Rémi = 30/10

g. Caroline = 22/08

N'oublie pas !

Pour dire la date : **02/03** → le **deux** mars.
Attention ! **01/03** → le **premier** mars.

À toi !

9 Avec un(e) camarade, écris une invitation pour une fête (anniversaire, fête de l'école...).

Cher Théo, Le 12 juin je fais une fête chez moi.

Cher Léon, Viens à ma fête d'anniversaire le 12 juin.

Atelier langue

GRAMMAIRE

Le futur proche

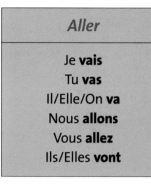

Aller
Je **vais**
Tu **vas**
Il/Elle/On **va**
Nous **allons**
Vous **allez**
Ils/Elles **vont**

Attention !

Forme affirmative :
Nous allons faire une fête.
Forme négative :
Nous n' **allons** pas **faire** de **fête.**

1 Mets les phrases au futur proche.

Exemple : **Samedi, Zoé fête son anniversaire.**
→ **Samedi, Zoé va fêter son anniversaire.**

a. J'organise une fête avec mes copains.

b. Rémi achète des boissons pour la fête.

c. Pour l'anniversaire de Zoé, Rémi et Maïa font des gâteaux.

d. Nous allons à la fête surprise.

2 Mets les phrases dans l'ordre.

a.  ne Je pas gâteau. faire le vais

b. faire fête pour Zoé. On de anniversaire va la l'

c. Tu anniversaire ? vas ton pas fêter ne

3 Mets les verbes au présent ou au futur proche.

a. Tous les jours, Thomas et Maïa ... (manger) à la cantine.

b. Bientôt, Rémi ... (fêter) son anniversaire.

c. Pour l'anniversaire de Thomas, nous ... (ne pas acheter) de cadeau.

d. Mardi, on ... (apporter) des gâteaux en classe.

e. Le samedi, nous ... (faire) du tennis.

f. Dimanche, je ... (ne pas faire) de vélo.

« Je voudrais... »

N'oublie pas !

Pour faire une demande polie, on utilise :
**je voudrais + verbe à l'infinitif
+ nom**
Maman, je voudrais inviter mes copains à la maison.
Je voudrais un gâteau , s'il vous plaît.

4 Fais des demandes polies avec *Je voudrais.*

a. Bonjour monsieur, un gâteau ! → ... s'il vous plaît.

b. Papa, j'organise une fête à la maison, d'accord ? → ... s'il te plaît.

c. Allo ? Je peux parler à Maïa ? → ... s'il vous plaît.

d. Maman, c'est possible d'avoir des sandwichs pour le pique-nique ? → ... s'il te plaît.

e. On peut visiter le Louvre ? → ... s'il vous plaît.

f. Mon stylo, s'il te plaît ! → ... s'il te plaît.

Le verbe « venir »

Venir
Je **viens**
Tu **viens**
Il/Elle/On **vient**
Nous **venons**
Vous **venez**
Ils/Elles **viennent**

5 Complète avec le verbe *venir.*

a. Oui Julie, nous ... à ta fête.

b. Tu ... avec moi pour acheter le cadeau de Zoé ?

c. Rémi et Maïa ne ... pas chez moi.

d. On ... tous pour ton anniversaire.

6 Complète avec le verbe *aller* ou *venir.*

a. Vous ... ? Il est 9 h !

b. Ma copine japonaise, Okio, ... chez moi jeudi soir !

c. Aujourd'hui, nous ... chez Laura. Il y a une fête.

d. – On ... où ? – C'est une surprise !

e. Le petit frère de Nico ... à la piscine le mercredi.

GRAMMAIRE

L'interrogation avec « est-ce que... ? » et « qu'est-ce que... ? »

7 Trouve deux questions pour chaque réponse.

Exemple : – *Vous aimez la musique ? / Est-ce que vous aimez la musique ?*
– *Oui, nous aimons la musique.*

a. ...?

Oui, je vais faire un gâteau.

b. ...?

Non, l'anniversaire de Zoé, c'est le 7 mai.

c. ...?

Je ne sais pas, je vais demander à mes parents.

8 Associe.

a. Est-ce que tu viens faire la fête ?

b. Qu'est-ce que tu vas faire pour la fête ?

1. Oui, je viens avec Rémi.

2. Des invitations et un gâteau.

3. Oui, et je vais apporter un gâteau.

4. Non, et toi ?

5. Je vais acheter des boissons.

9 Trouve les questions.

a. ... → Oui, nous allons chez Clara.

b. ... → Ils vont acheter un livre.

c. ... → Non, ce n'est pas mon anniversaire !

d. ... → Oui, je viens.

e. ... → J'écris les cartes d'invitation.

10 a Lis le mél. Recopie le tableau dans ton cahier et classe les questions.

De : « alinedubois@caracou.com »
À : « carlaboupba@ilino.fr »
Objet : Anniversaire d'Antoine

Carla,
Ton téléphone ne marche pas ?
Bon, qu'est-ce qu'on fait samedi soir pour l'anniversaire d'Antoine ?
Est-ce qu'on va tous au concert à 20 h ? Et qu'est-ce qu'on achète comme cadeau ?
Avant, on mange ensemble à 19 h, c'est ça ?
Au fait, qui va venir à la fête ? Et les copains, ils viennent chez moi ou chez toi ?
Bisous, Aline

Questions fermées	Questions ouvertes
Réponses : Oui / Non / Je ne sais pas ...	Réponses : lieu / personne activité... ...

10 b Imagine la réponse d'Aline à Carla.

De : « carlaboupba@ilino.fr »
À : « alinedubois@caracou.com »
Objet : Re : Anniversaire d'Antoine

Salut Aline,
Désolée, on a un problème de téléphone à la maison et mon portable ne marche plus !
Pour samedi...

PHONÉTIQUE

Les voyelles nasales

11 Écoute et répète les phrases.

12 Choisis la colonne et coche.

a. C'est gras !	X	
b. C'est grand !		X
c. C'est beau !		
d. C'est bon !		
e. C'est fin !		
f. C'est fait !		

13 Écoute et chante.

*C'est le mois de janvier, tout est blanc et glissant
On se dit bonne année, et vivement le printemps !
Enfin le mois de juin, les vacances ne sont pas loin,
Invitons les copains, faisons la fête c'est bien !
En septembre, la rentrée, on reprend les crayons,
Les livres et les cahiers, et puis nous étudions.
Et le vingt-cinq décembre, on fête Noël en France,
Et puis le réveillon, et l'année recommence !*

Communique

1 Associe les phrases aux lieux.

a. « Viens vite, le spectacle va commencer ! »

b. « On va acheter des boissons avant le film ? »

c. « Attention ! Passagers pour Los Angeles, nous allons fermer les portes ! »

d. « Attention ! Le train va partir ! »

1. dans un aéroport   **2.** dans un cirque   **3.** dans une gare   **4.** dans un cinéma

2 Week-end en Italie ! Tu pars en Italie pour le week-end.

Lis les réponses, trouve les questions, puis joue le dialogue avec un(e) camarade.

– ... ? – En Italie.

– ... ? – Non, je pars avec ma tante et ma cousine.

– ... ? – Non, on va dormir à l'hôtel.

– ... ? – On va visiter des musées, on va prendre des photos, on va aller à la mer...

3 Voici le programme du week-end de Justin.

a. Qu'est-ce qu'il va faire samedi 6 juin ?

b. Et dimanche 7 juin ?

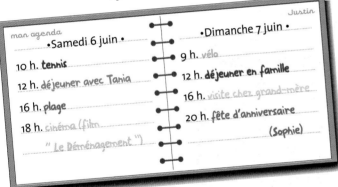

c. Et toi, qu'est-ce que tu vas faire ce week-end ?

d. Interroge ton voisin/ta voisine.

4 Observe les dessins et complète les bulles.

a.

b.

c.

5 Tu organises une fête. Réponds aux questions puis, écris l'invitation.

a. Est-ce que tu vas inviter tes copains ?

b. Tu vas faire ta fête où ?

c. Qui va faire des gâteaux ?

d. Qui va apporter les boissons ?

e. Est-ce que vous allez danser ?

f. À quelle date va être la fête ?

Titeuf, Tome 7,
Le miracle de la vie, Zep
© Éditions Glénat 1998

1 Vrai ou faux ?

a. C'est le matin.

b. Manu va dormir chez Titeuf.

c. Titeuf et Manu téléphonent à des stars.

2 Le morpion, qu'est-ce que c'est ?

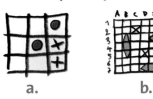
a.

b.

c.

3 À ton avis, le « morpion-cité », c'est jouer à :

a. téléphoner à des stars.

b. réveiller les voisins pour faire des lignes sur les immeubles.

c. trouver les numéros de téléphone de tous les voisins.

4 Trouve dans la BD les expressions pour dire :

a. Je voudrais parler à … = …

b. Ce n'est pas le bon numéro. = …

Les fêtes en France

C'est la fête tous les mois en France ! Découvre les fêtes des Français.

14 févr.

11

**En France,
il y a onze jours
fériés.
Ces jours-là, on ne
travaille pas !**

Le 1er
dimanche
de janvier

1

JANVIER							FÉVRIER						
L	M	M	J	V	S	D	L	M	M	J	V	S	D
	1	2	3	4	5	6					1	2	3
7	8	9	10	11	12	13	4	5	6	7	8	9	10
14	15	16	17	18	19	20	11	12	13	14	15	16	17
21	22	23	24	25	26	27	18	19	20	21	22	23	24
28	29	30	31				25	26	27	28			

MAI							JUIN						
L	M	M	J	V	S	D	L	M	M	J	V	S	D
	1	2	3	4	5							1	2
6	7	8	9	10	11	12	3	4	5	6	7	8	9
13	14	15	16	17	18	19	10	11	12	13	14	15	16
20	21	22	23	24	25	26	17	18	19	20	21	22	23
27	28	29	30	31			24	25	26	27	28	29	30

SEPTEMBRE							OCTOBRE						
L	M	M	J	V	S	D	L	M	M	J	V	S	D
						1	1	2	3	4	5	6	
2	3	4	5	6	7	8	7	8	9	10	11	12	13
9	10	11	12	13	14	15	14	15	16	17	18	19	20
16	17	18	19	20	21	22	21	22	23	24	25	26	27
23	24	25	26	27	28	29	28	29	30	31			
30													

2

2 février

3

es, retraites, emplois, sem
nsem... l'est possible

1er mai

21 juin

25 décembre

4

Au mois de février

1er avril

Entre le 22 mars et le 25 avril

14 juillet

31 décembre

1 Observe le calendrier. Tu connais ces fêtes ?

2 Associe chaque phrase à une photo et à une date.

a. À l'Épiphanie, pour être le roi de la fête, mange de la galette !

b. À la Chandeleur, tu fais sauter des crêpes pour être riche toute l'année !

c. C'est Mardi gras ; pour le carnaval, tu te déguises en animal !

d. Le premier avril, on voit des poissons dans la ville !

e. On ne travaille pas le Premier Mai, c'est la Fête du travail et du muguet !

f. Le jour de la Fête de la musique, on chante, on danse, c'est fantastique !

g. Le soir de la Fête nationale, allons tous danser au bal !

3 Associe chaque carte à une photo.

a. **b.** **c.** **d.**

4 À toi ! Décris des fêtes de ton pays.

Fais le point

DELF
A1

Compréhension orale

1 Écoute. Vrai ou faux ?

a. Thomas téléphone à Zoé.

b. Thomas va venir à l'anniversaire de Zoé.

c. Zoé organise une fête pour son anniversaire.

d. Samedi, c'est l'anniversaire du père de Thomas.

Compréhension écrite

2 Lis et réponds.

> J'organise une fête chez moi pour mon anniversaire le 1er juin à 14 heures.
> Tu vas venir ?
> On va danser, apporte des CD !
> Damien
>
> Portable : 06 06 22 ... ...

a. Qui organise la fête de Damien ?

b. Où va être la fête de Damien ?

c. Qu'est-ce qu'on va faire à la fête de Damien ?

d. Qu'est-ce qu'on apporte à la fête ?

Expression orale

3 Imagine la conversation avec un(e) camarade.

a.

b.

Expression écrite

4 Tu organises une fête surprise pour l'anniversaire de ton copain / ta copine. Écris l'invitation.

Mes mots

La fête
Un anniversaire
Un gâteau
Une bougie
Un cadeau
Une idée
Une surprise
Une boisson
Un CD
Un ballon
Une invitation
Une réponse
Un concert
La musique
Venir

Acheter
Organiser
Danser

Le téléphone
Un téléphone
Un portable
Un numéro de téléphone
Allô !
Passer
Je voudrais
Est-ce que... ?
Qu'est-ce que... ?

La date
Le mois
Premier
Janvier
Février
Mars
Avril
Mai
Juin
Juillet
Août
Septembre
Octobre
Novembre
Décembre

Les actes de parole

Saluer (familier)

Salut ! / Bonjour Léon !
Ça va ? → Ça va, et toi ? / Oui, ça va.

Saluer (poli)

Bonjour !
Bonjour monsieur/madame !
Ça va ? → Ça va et vous ? /
Oui, ça va, merci !

Prendre congé / Dire au revoir

Salut !
Ciao !
Au revoir !
À bientôt !

Être poli(e)

S'il te plaît.   Merci beaucoup.
S'il vous plaît.   Pardon !
Merci.   Désolé(e) !
Je voudrais...

Identifier une chose

Qu'est-ce que c'est ?
→ C'est un magazine.

Les actes de **parole**

Se présenter

Comment tu t'appelles ?
Tu as quel âge ?
Tu habites où ?
Tu as des frères et sœurs ?

→ Je m'appelle Théo.
→ J'ai treize ans.
→ J'habite à Lyon.
→ Je n'ai pas de frères et sœurs, j'ai un chien.

Présenter quelqu'un

Qui est-ce ? / C'est qui ?
→ C'est Johanna. / Elle s'appelle Johanna. / Voilà Johanna !
→ C'est une chanteuse. / Elle est chanteuse. Je te présente Johanna, elle est chanteuse. Enchanté(e).

Décrire une personne

Il est comment ?
→ Il est grand, blond, mince. / Elle est petite, brune, jolie. / Elle est sympa. / Ils sont roux. / Elles sont rousses.

Exprimer ses goûts

Qu'est-ce que tu aimes ?
→ J'aime l'école. / J'adore le français. / Je préfère la récré.

→ Je suis fan de Tom Cruise ! C'est super ! / C'est cool ! / C'est génial !

→ Je n'aime pas le sport. Je déteste le lundi. C'est nul !

Demander / dire l'heure

Il est quelle heure ?
Il est une heure.
Deux heures et quart.
Trois heures et demie.
Cinq heures moins le quart.

Dire où on est et où on va

Je suis à Lyon / au camping / à l'école.
Je vais à Marseille / au bord de la mer / chez mes grands-parents.
Je pars à Paris / à l'étranger.

Parler de ses activités quotidiennes

Le matin, je me lève, je me lave, je prends mon petit déjeuner.
À midi, je déjeune à la cantine.
L'après-midi, j'ai cours au collège.
Le soir, je dîne avec mes parents et je me couche à 22 h 30.

Exprimer une obligation, un ordre, un conseil

Écoutez ! Regardez ! Lisez ! Répétez, s'il vous plaît !
Entre ! Viens visiter ma chambre !
Fais attention ! Regarde devant toi !

Parler au téléphone

Allô ?
Bonjour, c'est Léon.
Je voudrais parler à Théo, s'il vous plaît. /
C'est possible de parler à Théo, s'il vous plaît ?
Je te le passe.
Merci, au revoir.

Inviter quelqu'un / Accepter une invitation

Je fête mon anniversaire. /
J'organise une fête chez moi.
Est-ce que tu vas venir ?
Viens à ma fête samedi.
D'accord !
OK !

Précis grammatical

LE GROUPE NOMINAL

1 Les articles

En français, le nom est presque toujours précédé d'un article.

Les articles indéfinis

Singulier		Pluriel
Masculin	**Féminin**	**Masculin/Féminin**
un livre	**une** maison	**des** livres **des** maisons
N'oublie pas ! Devant une **voyelle** (a, e, i, o, u, y) ou un **h muet**		
un alphabet <u>n</u>	**une** école <u>n</u>	**des** écoles <u>z</u>
	une histoire <u>n</u>	**des** histoires <u>z</u>

> Émilie est dans <u>une</u> école spéciale.

Les articles définis

Singulier		Pluriel
Masculin	**Féminin**	**Masculin/Féminin**
le livre	**la** maison	**les** livres **les** maisons
N'oublie pas ! Devant une **voyelle** ou un **h muet**		
l'alphabet	**l'**école	**les** écoles <u>z</u>
	l'histoire	**les** histoires <u>z</u>

> L'école d'Émilie est à Modane.

Les articles indéfinis et définis

Les articles indéfinis	Les articles définis
• Ils sont utilisés pour parler de quelqu'un ou de quelque chose qu'on ne connaît pas précisément.	• Ils sont utilisés quand on parle de quelqu'un ou de quelque chose qu'on connaît ou dont on a déjà parlé.

> C'est <u>un</u> livre.

> C'est <u>le</u> livre de Zoé.

• Ils sont utilisés pour indiquer la quantité « 1 ».

> J'ai <u>une</u> sœur et deux frères.

> Émilie aime <u>les</u> maths.

La contraction des articles

Singulier		Pluriel
Masculin	**Féminin**	**Masculin/Féminin**
à + le camping = **au** camping	**à + la** cantine = **à la** cantine	**à + les** toilettes = **aux** toilettes
N'oublie pas ! Devant une **voyelle** ou un **h muet**		
à + l'étranger = **à l'**étranger	**à + l'**école = **à l'**école	**à + les** États-Unis = **aux** États-Unis <u>z</u>
de + le sport = **du** sport	**de + la** voile = **de la** voile	**de + les** vacances = **des** vacances
N'oublie pas ! Devant une **voyelle** ou un **h muet**		
de + l'aviron = **de l'**aviron	**de + l'**équitation = **de l'**équitation	**de + les** activités = **des** activités <u>z</u>

> Zoé parle <u>des</u> vacances.
> Elle va aller <u>au</u> camping.

2 Les adjectifs possessifs

Singulier		Pluriel
+ nom masculin	+ nom féminin	+ nom masc/fém.
mon livre	**ma** chambre	**mes** ancêtres
ton livre	**ta** chambre	**tes** ancêtres
son livre	**sa** chambre	**ses** ancêtres

N'oublie pas ! Devant un nom féminin commençant par une **voyelle** ou un **h muet**
Ma/Ta/Sa → Mon/Ton/Son
mon histoire, **ton** amie, **son** école

> Je suis dans ma chambre avec mes copains.

3 Les adjectifs qualificatifs

L'adjectif s'accorde avec le nom ou pronom auquel il se rapporte.

Le masculin et le féminin des adjectifs

Masculin	Féminin
Rémi / Il est **grand**.	Maïa / Elle est **grande**.

En général, **l'adjectif au féminin = l'adjectif au masculin + -e.**

> Rémi est brun.

> Maïa est **brune**.

N'oublie pas ! Quand l'adjectif se termine par un **-e** au masculin, il ne change pas au féminin.

> Il est mince.

> Elle est **mince**.

N'oublie pas ! Parfois on double la consonne finale au féminin.

> Il est gros.

> Elle est **grosse**.

N'oublie pas ! Parfois, l'adjectif est différent au féminin.

> Il est beau.
> Il est roux.
> Il est blanc.

> Elle est **belle**.
> Elle est **rousse**.
> Elle est **blanche**.

Le singulier et le pluriel des adjectifs

Singulier	Pluriel
Nico / Il est **grand**.	Thomas et Nico / Ils sont **grands**.
Zoé / Elle est **grande**.	Zoé et Émilie / Elles sont **grandes**.

En général, **adjectif pluriel = adjectif singulier + -s.**

> Rémi est brun.
> Zoé est jolie.

> Rémi et Maïa sont **bruns**.
> Zoé et Maïa sont **jolies**.

N'oublie pas ! Quand l'adjectif se termine par un **-s** ou un **-x** au masculin singulier, il ne change pas au masculin pluriel.

> Il est gros et roux.

> Ils sont **gros** et **roux**.

N'oublie pas ! En général, quand l'adjectif se termine par **-al** au masculin singulier, il se termine par **-aux** au masculin pluriel.

> C'est un magazine national.

> Ce sont des magazines **nationaux**.

N'oublie pas ! La formation du pluriel des adjectifs au féminin est toujours régulière.

> Elle est grosse et rousse.

> Elles sont **grosses** et **rousses**.

> C'est une fête nationale.

> Ce sont des fêtes **nationales**.

LE GROUPE VERBAL

1 Les pronoms personnels sujets

	Pronom sujet	Verbe
Singulier	**Je** (**j'** devant une voyelle ou h)	parle
	Tu	parles
	Il (masculin) **Elle** (féminin) **On**	parle
Pluriel	**Nous** (= Je + autre(s) personne(s))	parlons
	Vous (= Tu + autre(s) personne(s) / **Tu** poli / **Vous** poli)	parlez
	Ils (masculin) **Elles** (féminin)	parlent

Précis grammatical

2 Le verbe

Le présent des verbes en -ER

Forme affirmative	Forme négative
Parler	sujet + **ne** + verbe + **pas**
Je parl- **e**	
Tu parl- **es**	Maïa _ne_ parle _pas_ à Thomas.
Il/Elle/On parl- **e**	
Nous parl- **ons**	
Vous parl- **ez**	sujet + **n'** + verbe + **pas**
Ils/Elles parl- **ent**	
Maïa _parle_ à Thomas.	Ils _n'écoutent pas_ le professeur.

Le futur proche

Forme affirmative	Forme négative
sujet + verbe **aller au présent** + infinitif	sujet + **ne** + verbe **aller** au présent + **pas** + infinitif
Maïa _va téléphoner_ à Thomas.	Maïa _ne_ va _pas_ téléphoner à Thomas.
	Attention ! Avec nous et vous : Sujet + **n'** + verbe **aller** au présent + **pas** + infinitif
	Nous n'allons _pas_ téléphoner à Thomas.

L'impératif

Verbe conjugué sans sujet. Il n'existe qu'avec les personnes *Tu*, *Nous*, *Vous*.

Forme affirmative		
Tu	Nous	Vous
Regarde !	Regardons !	Regardez !

N'oublie pas ! À l'impératif, il n'y a pas de -s à la deuxième personne du singulier pour les verbes en -ER.

L'impératif peut exprimer :
- un **ordre**
- une **invitation**
- un **conseil**

Montez les gros cartons !

Viens faire la fête !

Fais attention !

Les verbes pronominaux

Forme affirmative	Forme négative
sujet + **pronom réfléchi** + verbe	sujet + **ne** + **pronom réfléchi** + verbe + **pas**
Se lever	
Je **me** lève	
Tu **te** lèves	Je _ne_ _me_ lève _pas_ à six heures.
Il/Elle/On **se** lève	
Nous **nous** levons	
Vous **vous** levez	
Ils/Elles **se** lèvent	

LA PHRASE

1 La négation

Phrase affirmative	Phrase négative
sujet + verbe	sujet + **ne** + verbe + **pas**
Il prend le bus.	Il _ne_ prend _pas_ le bus.
N'oublie pas ! Devant une **voyelle** (a, e, i, o, u, y) ou **h muet** : ne => n'	Il _n'est pas_ sur la photo.
Affirmation avec **un/ une/des** ou une **quantité**	Négation = ne / n'... **pas de**
J'ai une cousine et j'ai deux sœurs.	Je _n'ai pas de_ cousine et je _n'ai pas de_ sœur.
N'oublie pas ! Quand on exprime une quantité nulle, la négation se construit avec **ne/n' ... pas de**.	
N'oublie pas ! Devant une **voyelle** (a, e, i, o, u, y) ou **h muet** : pas de = pas d'	Je _n'ai pas_ d'amis français.

2 L'interrogation

L'interrogation intonative

Affirmation (.)	Question (?)
➡ courbe d'intonation descendante	➡ courbe d'intonation montante
Tu aimes le français. ↘	Tu aimes le français ? ↗

L'interrogation avec « Est-ce que... ? »

Question	Réponses possibles
Est-ce que tu aimes le français ? = Tu aimes le français ?	Oui. Non.
Est-ce que tu aimes les maths ?	Je ne sais pas.

N'oublie pas ! La question avec « Est-ce que... ? » = la question intonative.

> Est-ce que tu aimes les maths ? = Tu aimes les maths ?

L'interrogation avec « Qui est-ce ? » et « Qu'est-ce que c'est ? »

Questions	Réponses possibles
La question et la réponse portent sur quelqu'un : Qui est-ce ?	→ C'est...
Qui est-ce ?	C'est Zoé. C'est ma copine.
La question et la réponse portent sur quelque chose : Qu'est-ce que c'est ?	→ C'est...
Qu'est-ce que c'est ?	C'est un stylo. C'est le stylo de Rémi.

L'interrogation avec « Qu'est-ce que... ? »

Question	Réponse
Qu'est-ce que tu aimes à l'école ?	J'aime le français, les maths et l'histoire.

Le pronom interrogatif « où »

> Tu vas où en vacances ?

> Je vais à la mer.

3 Les présentatifs
Voici / Voilà / C'est / Ce sont

Pour présenter quelqu'un :

> Moi, c'est Rémi, et voilà/voici Thomas.

Pour montrer quelque chose :

> Voilà/Voici ma nouvelle maison ! Là, c'est ma chambre.

N'oublie pas !
« C'est » au pluriel = « Ce sont »

> Ce sont mes copains.

Il y a / Il n'y a pas de

On utilise « il y a » et « il n'y a pas de/d' » pour indiquer la présence ou l'absence de personnes ou de choses.

Forme affirmative	Forme négative
Dans ma classe, il y a douze garçons et dix-huit filles.	Dans ma classe, il n'y a pas d'élève français.
Dans ma chambre, il y a un lit, un bureau, un ordinateur.	Chez moi, il n'y a pas de télé.

Précis grammatical

LA LOCALISATION

1 Localiser dans l'espace

Devant un nom de chose, de lieu, de personne

Où est Léon ?

sur

Léon est sur la chaise.

sous

Léon est sous le lit de Théo.

devant

Léon est devant sa niche.

derrière

Léon est derrière Théo.

à côté de

Léon est à côté de Théo.

dans

Léon est dans sa niche.

N'oublie pas !
Avec un nom masculin : à côté **du** placard ...

Devant le nom d'une personne, pour signifier le lieu où elle habite

chez  Léon est chez Théo.

2 Localiser dans le temps

Demander l'heure	Dire l'heure
Quelle heure il est ?	→ Il est ...
Le bus arrive **à quelle heure ?**	→ Le bus arrive à ...

Dire une date		
« **en** »	+ mois de l'année	**en** septembre, **en** juillet...
	+ année	**en** 1980, **en** 2007...
« **au** »	+ siècle	**au** xxᵉ siècle...

LES CONJUGAISONS AU PRÉSENT

1 Les verbes en « -ER » (1er groupe)

	Regarder	Habiter	Manger	S'appeler	Se lever	Se coucher
Je/J'	regarde	habite	mange	m'appelle	me lève	me couche
Tu	regardes	habites	manges	t'appelles	te lèves	te couches
Il/Elle/On	regarde	habite	mange	s'appelle	se lève	se couche
Nous	regardons	habitons	mangeons	nous appelons	nous levons	nous couchons
Vous	regardez	habitez	mangez	vous appelez	vous levez	vous couchez
Ils/Elles	regardent	habitent	mangent	s'appellent	se lèvent	se couchent

N'oublie pas ! Tous les verbes en -ER ont les mêmes terminaisons, excepté *aller*.

2 Les autres verbes

	Être	Avoir	Faire	Prendre	Partir	Aller
Je	suis	ai	fais	prends	pars	vais
Tu	es	as	fais	prends	pars	vas
Il/Elle/On	est	a	fait	prend	part	va
Nous	sommes	avons	faisons	prenons	partons	allons
Vous	êtes	avez	faites	prenez	partez	allez
Ils/Elles	sont	ont	font	prennent	partent	vont

	Venir	Connaître	Savoir	Lire	Dire	Écrire
Je/J'	viens	connais	sais	lis	dis	écris
Tu	viens	connais	sais	lis	dis	écris
Il/Elle/On	vient	connaît	sait	lit	dit	écrit
Nous	venons	connaissons	savons	lisons	disons	écrivons
Vous	venez	connaissez	savez	lisez	dites	écrivez
Ils/Elles	viennent	connaissent	savent	lisent	disent	écrivent

Transcriptions

Unité 0 : Salut ! Ça va ? (p. 6 à 10)

Tu comprends ? p. 9

5. a. Regarde ; b. Écris ; c. Lis ; d. Écoute.

Grammaire p. 9

9. a. bruitage des pages d'un livre ; b. bruitage d'un stylo ; c. une fille ; d. bruitage de tableau ; e. un garçon ; f. bruitage de cassette.

L'alphabet p. 10

3. 1. R ; 2. U ; 3. V ; 4. E ; 5. G ; 6. L-I-V-R-E ; 7. C-A-deux S-E- deux T-E.

Unité 1 : Je suis fan ! (p. 11 à 22)

Fan Club pp. 14-15

3. 1. Elle est chanteuse. 2. Il est joueur de football. 3. Elle est mannequin. 4. Elle s'appelle Laure. 5. Il s'appelle Thierry.

Atelier langue pp. 16-17

2. Je m'appelle. Tu t'appelles. Il s'appelle. Elle s'appelle.

7. Je suis joueur de football. Tu es chanteuse. Il est journaliste. Elle est journaliste.

10. – Comment tu t'appelles ?
– Je m'appelle Nicolas.
– Tu es acteur ?
– Non, je suis journaliste.

14. a. Je m'appelle Théo. b. Tu t'appelles Thomas ? c. Vanessa Paradis est mannequin. d. Lorie est chanteuse ? e. Thierry Henry est joueur de foot ? f. Nicolas est journaliste.

Fais le point p. 22

1. – Bonjour, je m'appelle Gabriel, et toi ?
– Je m'appelle Michel.
– Tu es acteur ?
– Non, je suis chanteur et toi ?
– Moi aussi, je suis chanteur.

Transcriptions

Unité 2 : Spécial collège (p. 23 à 34)

Atelier langue pp. 28-29

2. a. J'adore les profs ; **b.** Émilie aime le français ; **c.** C'est le copain de Rémi ; **d.** Les cours d'histoire, c'est super !

9. a. Tu as trois heures de maths ; **b.** Zoé a une classe sympa ; **c.** J'ai trois copains ;

Fais le point p. 34

1. Le lundi, j'ai cours de maths, de biologie et de sport. Le mardi, j'ai deux heures de français et une heure d'histoire-géo. Le mercredi, j'ai maths, anglais et musique.

Unité 3 : Tous différents ! (p. 35 à 46)

Grammaire p. 37

6 b. Il est grand. / Elle est grande. Il est blond. / Elle est blonde. Il est brun. / Elle est brune. Il est petit. / Elle est petite.

Atelier langue pp. 40-41

2. a. Je ne suis pas grand et blond ; **b.** Nico n'est pas gros.

6. a. Tu es blonde ; **b.** Tu es français ; **c.** Tu es grand ; **d.** Tu es petite ; **e.** Tu n'es pas différente.

10. a. Différent / Différents ; **b.** Grande / Grandes ; **c.** Français / Français ; **d.** Noir / Noirs / Noire / Noires.

Fais le point p. 46

1. Elle s'appelle Frédérique, elle est grande, mince et blonde.

Unité 4 : Photo de famille (p. 47 à 58)

Atelier langue pp. 52-53

9. a. Ils ont un ordinateur ; **b.** Elles sont sœurs ; **c.** Ils sont de ma famille ; **d.** Elles ont un chien.

12. a. Ils aiment le cirque ? ; **b.** Elle/s travaille/nt à Paris ; **c.** Ils ont des frères ; **d.** Il/s regarde/nt des films ; **e.** Il adore le cinéma.

Fais le point p. 58

1. Salut, je m'appelle Lucas. Mon père, c'est Théo, et ma mère, Nina. Louise, c'est ma tante et mes grands-parents sont Paul et Marie.

Unité 5 : Vive les vacances ! (p. 59 à 70)

Grammaire p. 61

6. a. Je vais à la mer ; **b.** Ils partent en train ; **c.** Ma famille et moi allons à la montagne.

Atelier langue pp. 64-65

14. 1. Il est roux ; **2.** C'est une bulle ; **3.** Gros bisous ; **4.** Ils sont douze ; **5.** C'est nul ! ; **6.** Ce sont mes lunettes.

Fais le point p. 70

1. Salut, je m'appelle Arthur, je pars en voiture à la montagne avec mon copain David. On va chez mes grands-parents et on fait du ski. J'adore le ski.

Unité 6 : Quelle journée ! (p. 71 à 82)

Mes mots p. 73

6. 20, 21, 22, 23, 24, 25, 26, 30, 31, 32, 33, 34, 35, 40, 42, 44, 46, 48, 50, 51, 52, 53, 60, 61, 62, 63, 64, 65, 66, 67, 68, 69.

7. 47 ; 56 ; 22 ; 66 ; 40 ; 39 ; 51 ; 28.

8. 1. Il est vingt heures vingt-quatre ; **2.** Il est vingt et une heures trente et une ; **3.** Il est vingt-deux heures quarante-sept ; **4.** Il est vingt-trois heures cinquante-neuf.

Atelier langue pp. 76-77

3. a. Le train part à 21 h 37 ; **b.** Nous prenons le bus à 11 h 45 ; **c.** Mes parents partent à dix heures et quart ; **d.** Le bus arrive à 8 heures et demie ; **e.** – Il est quelle heure ? – Il est minuit.

Fais le point p. 82

1. Voici une journée de Rémi et Zoé en vacances à la campagne.

« Le matin, nous nous levons à huit heures et demie, nous nous lavons et nous prenons le petit déjeuner. Puis nous prenons le bus n° 48 à dix heures moins le quart. Nous allons chez monsieur Durand et nous travaillons avec les animaux le matin et l'après-midi. C'est sympa. Le soir, nous mangeons à dix-neuf heures trente, nous regardons la télévision et nous nous couchons à vingt-deux heures. »

Unité 7 : Chez moi (p. 83 à 94)

Phonétique p. 89

12. a. Prenez un pain ; **b.** La belle de Paris ; **c.** Les vrais amis ; **d.** C'est vous ? ; **e.** Allons voir ! ; **f.** Ils s'en vont.

Fais le point p. 94

1. Sophie : Salut Lisa ! Viens, entre dans ma chambre !

Lisa : Quel désordre ! Tes livres sont par terre, tes vêtements sous le lit, et tes CD sont à côté de ta chaise !!!

Sophie : Oui, j'adore le désordre ! Dans ma chambre, il y a des affaires partout !

Unité 8 : On va faire la fête ! (p. 95 à 106)

Phonétique p.101

11. a. C'est gras ! ; **b.** C'est grand ! ; **c.** C'est beau ! ; **d.** C'est bon ! ; **e.** C'est fin ! C'est fait !

Fais le point p. 106

1. Thomas : Allô, bonjour, c'est Thomas, je voudrais parler à Zoé, s'il vous plaît.

Mère de Thomas : Oui, je te la passe.

Thomas : Merci.

Zoé : Bonjour, Thomas, ça va ?

Thomas : Oui, ça va, mais je ne vais pas venir à ta fête d'anniversaire, samedi.

Zoé : Ma fête d'anniversaire ?

Thomas : Oui, samedi, c'est aussi l'anniversaire de mon père et on fait une fête de famille.

Zoé : Mais je n'organise pas de fête samedi !

Thomas : Mais si, ta fête d'anniversaire surprise !

Zoé : Ah, eh ben pour une surprise, c'est une surprise !

Lexique

Le lexique répertorie les mots contenus dans les textes, documents et exercices. Le numéro qui figure à gauche du mot renvoie au numéro de l'unité où le mot apparaît pour la première fois. La traduction fournie est donc celle de l'acception de ce mot dans le contexte de son premier emploi. Certains mots « transparents » n'ont pas été répertoriés.

adj.	adjectif	loc.	locution	prép.	préposition	v. intr.	verbe intransitif
adv.	adverbe	n. f.	nom féminin	pron.	pronom	v. irr.	verbe irrégulier
conj.	conjonction	n. m.	nom masculin	v. aux.	verbe auxiliaire	v. pron.	verbe pronominal
interj.	interjection	plur.	pluriel	v. imp.	verbe impersonnel	v. tr.	verbe transitif

	anglais	espagnol	allemand	portugais	grec
a					
2 adorer, *v. tr.*	to love	adorar	verehren	adorar	λατρεύω
7 à côté de, *loc.*	next to	al lado de	neben	ao lado de	δίπλα σε, κοντά σε
8 acheter, *v. tr.*	to buy	comprar	kaufen	comprar	αγοράζω
1 acteur/ actrice, *n.*	actor/actress	actor/actriz	Schauspieler/-in	actor/actriz	ηθοποιός
1 adresse, *n. f.*	address	dirección	Adresse	endereço	διεύθυνση
7 affaires, *n. f. plur.*	things	cosas	Sachen	coisas	υποθέσεις, δουλειές
3 affiche, *n. f.*	poster	afiche	Plakat	cartaz	αφίσα, διαφήμιση
3 africain(e), *adj.*	African	africano	afrikanisch	africano	αφρικανικός
3 âge, *n. m.*	age	edad	Alter	idade	ηλικία
4 aider, *v. tr.*	to help	ayudar	helfen	ajudar	βοηθώ
2 aimer, *v. tr.*	to like, love	amar	mögen, lieben	amar	Αγαπώ
5 aller, *v.intr. et irr.*	to go	ir	gehen	ir	πηγαίνω, φεύγω
8 allô, *interj.*	Hello	¿diga?	Hallo	Alô	Εμπρός, ορίστε, λέγετε
o alphabet, *n. m.*	alphabet	alfabeto	Alphabet	alfabeto	αλφάβητο
4 américain(e), *adj.*	American	americano	amerikanisch	americanos	αμερικανός ή
2 ami, *n. m.*	friend	amigo	Freund	amigo	φίλος
2 amoureux/(se), *adj.*	in love	enamorado	verliebt	apaixonado	ερωτευμένος
3 an, *n. m.*	year	año	Jahr	ano	χρόνος
2 anglais, *n. m.*	English	inglés	englisch	inglês	άγγλικός ή ό
4 animal, *n. m.*	animal	animal	Tier	animais	ζώο
8 anniversaire, *n. m.*	birthday	aniversario	Geburtstag	aniversário	επέτειος, γενέθλια
8 août, *n. m.*	August	agosto	August	Agosto	Αύγουστος
8 apporter, *v. tr.*	to bring	traer	bringen	trazer	φέρνω
4 apprendre, *v. tr.*	to learn	aprender	lernen	aprender	γνωρίζω, διδάσκομαι
6 après-midi, *n. m. et f.*	afternoon	tarde	Nachmittag	tarde	απόγευμα
6 arriver, *v. intr.*	to arrive	llegar	ankommen	chegar	έρχομαι, φτάνω
7 art, *n. m.*	art	arte	Kunst	arte	τέχνη
7 assis(e), *adj.*	sitting, seated	sentado	sitzend	sentado	καθήμενος, καθιστός
o atelier, *n. m.*	workshop	taller	Atelier	atelier	εργαστήριο, εργαστήρι
o au revoir, *n. m.*	goodbye	adiós, hasta luego	Auf Wiedersehen	adeus	αντίο
6 aujourd'hui, *adv.*	today	hoy	heute	hoje	σήμερα
o aussi, *adv.*	also	también	auch	também	επίσης
4 autre(s), *adj.*	other	otro(s)	andere	outro(a)/s	άλλος/οι
7 avant, *adv. et prép.*	before	antes	vor	antes	πριν
o avec, *prép.*	with	con	mit	com	μαζί, με, μαζί με
4 aventure, *n. f.*	adventure	aventura	Abenteuer	aventura	περιπέτεια, συμβάν
4 avion, *n. m.*	aeroplan	avión	Flugzeug	avião	αεροπλάνο
2 avoir, *v. aux. et tr.*	to have	tener	haben	ter	έχω
5 avril, *n. m.*	April	abril	April	Abril	Απρίλιος

b

	French	English	Spanish	German	Portuguese	Greek
4	baladeur, *n. m.*	portable	walkman	Abspielgerät	leitor portátil	γιουόκμαν
3	beau/belle, *adj.*	handsome, beautiful	bello	hübsch	belo	όμορφος
4	beaucoup, *adv.*	a lot	mucho	viel	muito	πυλύ
2	bien, *adv. et adj.*	well	bien	gut	bem	καλά
8	bientôt, *adv.*	soon	pronto	bald	em breve	αμέσως, σε λίγο
7	bienvenue, *n. f.*	welcome	bienvenida	willkommen	bem-vindo	καλωσόρισμα
2	biologie, *n. f. / SVT, n. f. plur.*	Biology	biología/ciencias naturales	Biologie/Naturwissensc	Biologia/STV	Βιολογία/SVT
5	bisou, *n. m.*	kiss	besito	haften	beijoca	φιλί
2	bizarre, *adj.*	bizarre, strange	raro	Küsschen	bizarro	αλλόκοτος, ασυνήθιστος
3	blanc(he), *adj.*	white	blanco	eigentümlich, bizarr	branco	λευκός
3	blond(e), *adj.*	blonde	rubio	weiß	louro	ξανθός
7	boire, *v. tr. irr.*	to drink	beber	blond	beber	πίνω
8	boisson, *n. f.*	drink	bebida	trinken Getränk	bebida	ποτό
0	bonjour, *n. m.*	good morning, hello	buenos días	Guten Tag	bom-dia.	καλημέρα, ουσ. αρσ.
4	bon(ne), *adj.*	good	bueno, buena	gut	bom, boa	καλός, καλή
8	bougie, *n. f.*	candle	vela	Kerze	vela	κερί, μπουζί
4	branché, *adj.*	trendy	a la moda, a la última	in	moderno	ζηςμόδας
8	bricolage, *n. m.*	DIY	bricolaje	Basteln	bricolagem	μαστόρεμα
3	brun(e), *adj.*	brown	moreno	braun	moreno(a)	μελαχρινός(η), καστανός(η)
7	bureau, *n. m.*	desk	escritorio	Schreibtisch	secretária	γραφείο
6	bus, *n. m.*	bus	autobús	Bus	autocarro	λcωφορειο

c

	French	English	Spanish	German	Portuguese	Greek
8	cadeau, *n. m.*	present	regalo	Geschenk	prenda	δώρο
1	cahier, *n. m.*	(exercise) book	cuaderno	Heft	caderno	τετράδιο
8	calendrier, *n. m.*	calender	calendario	Kalender	calendário	ημερολόγιο
0	camarade, *n. m.*	friend	compañero	Kamarad	colega	συμμαθητής
4	caméra, *n. f.*	camera	cámara	Kamera	câmara	κάμερα
5	campagne, *n. f.*	countryside	campo	Land	campo	εςοχή
5	camping, *n. m.*	camping	camping	Camping	campismo	κάμπινγκ
2	cantine, *n. f.*	canteen	comedor	Kantine	cantina	κυλικείο, συσσίτιο,
6	capitale, *n. f.*	capital	capital	Hauptstadt	capital	πρωτεύουσα
8	carnaval, *n. m.*	carnival	carnaval	Karneval	Carnaval	αποκριά, καρναβάλι
2	carte (géographie), *n. f.*	map	mapa (geografía)	Karte, Landkarte	mapa (geografia)	χάρτης (γεωγραφικός)
5	carte postale, *n. f.*	post card	postal	Postkarte	postal	καρτ ποστάλ
7	carton, *n. m.*	(cardboard) box	cartón, caja	Karton	cartão	χαρτόνι, κιβώτιο, κουτί,
0	cassette, *n. f.*	cassette	casete	Kassette	cassete	κασέτα, ουσ. θηλ.
4	célèbre, *adj.*	famous	famoso	berühmt	célebre	διάσημος
4	cent, *adj.et n.*	one hundred	ciento, cien	Hundert	cem	εκατό
6	centre-ville, *n. m.*	town centre	centro de la ciudad	Innenstadt	centro da cidade	κέντρο της πόλης
7	chaîne hi-fi, *n. f.*	hi-fi system	equipo de música	Stereoanlage	aparelhagem hi-fi	στερεοφωνικό συγκρότημα
7	chaise, *n. f.*	chair	silla	Stuhl	cadeira	καρέκλα, κάθισμα
4	chambre, *n. f.*	bedroom	habitación, cuarto	Zimmer	quarto	δωμάτιο
2	chanson, *n. f.*	song	canción	Lied	canção	τραγούδι
0	chanter, *v. tr.*	to sing	cantar	singen	cantar	τραγουδάω, ρ. μετ.
1	chanteur/chanteuse, *n.*	singer	el/la cantante	Sänger/-in	cantor(a)	τραγουδιστής
4	château, *n. m.*	château, castle	castillo	Schloss	castelo	κάστρο
6	chauffeur, *n. m.*	driver	chofer, conductor	Chauffeur	motorista	οδηγός
5	cher/chère, *adj.*	dear	querido(a)	lieber/liebe	caro(a)	αγαπητός/ αγαπητή
3	chercher, *v. tr.*	to look for	buscar	suchen	Procurar	αναζητώ, ψάχνω, ερευνώ,
6	cheval, *n. m.*	horse	caballo	Pferd	Cavalo	Αλογο
4	chez, *prép.*	at, at the home of	en casa de, a casa de, al	bei	em casa de	στου, εις, με, παρά, σε
1	chien, *n. m.*	dog	perro	Hund	Cão	σκύλος
6	chiffre, *n. m.*	figure	cifra, número	Zahl	algarismo	αριθμός
0	choisir, *v. tr.*	to choose	escoger	wählen	escolher	επιλέγω, ρ.μετ.
0	cinéma, *n. m.*	cinema	cine	Kino	cinema	σινεμά, κινηματογράφος
1	cinq, *adj. et n.*	five	cinco	fünf	cinco	πέντε
6	cinquante, *adj. et n.*	fifty	cincuenta	fünfzig	cinquenta	πενήντα
4	cirque, *n. m.*	circus	circo	Zirkus	circo	τσίρκο
8	cité, *n. f.*	city, town	ciudad	Stadt	cidade	πόλη
0	classe, *n. f.*	class	clase	Klasse	classe	αίθουσα, τάξη, βαθμός
2	collège, *n. m.*	school (secondary)	colegio	Gesamtschule	colégio	Γυμνάσιο
4	commencer, *v. tr. et intr.*	to start	empezar	beginnen	começar	αρχίζω
1	comment, *adv.*	how	cómo	wie	como	πως, επίρ.
0	comprendre, *v. tr. irr.*	to understand	comprender	verstehen	compreender	κατανοώ, καταλαβαίνω
8	concert, *n. m.*	concert	concierto	Konzert	concerto	κονσέρτο, συναυλία
1	connaître, *v. tr.*	to know	conocer	kennen	conhecer	γνωρίζω, μαθαίνω, ξέρω

Lexique

7	conseil, *n. m.*	advice	consejo	Rat	conselho	επιτροπή, συμβουλή
4	construire, *v. tr.*	to build	construir	konstruieren	construir	οικοδομώ, κατασκευάζω
5	content(e), *adj.*	happy	contento	zufrieden	contente	χαρούμενος
3	contre, *prép. et adv.*	against	contra	gegen	contra	εναντίον, κατά, προς, για
4	cool, *adj.*	cool	super, moderno	cool	porreiro	ανεκτικός, άνετος
2	copain, copine, *n.*	friend	amigo(a)	Kumpel/-in	colega	κολλητός, φιλαράκος
2	couleur, *n. f.*	colour	color	Farbe	cor	χρώμα
7	couloir, *n. m.*	corridor	pasillo	Gang	corredor	διάδρομος
4	couper, *v. tr.*	to cut	cortar	schneiden	cortar	κόβω, διακόπτω
2	cours, *n. m.*	lesson	curso	Kurs	aula(s)	μάθημα
4	cousin/cousine, *n.*	cousin	primo(a)	Cousin / Cousine	primo(a)	ξάδερφος / ξαδέρφη
8	crayon, *n. m.*	pencil	lápiz	Schreibstift	lápis	μολύβι
8	crêpe, *n. f.*	pancake	crêpe	Crêpe	crepe	κρέπα
2	croissant, *n. m.*	croissant	croissant	Croissant	croissant	κρουασάν, αναπτυσσόμενος
7	cuisine, *n. f.*	kitchen	cocina	Küche	cozinha	κουζίνα
4	cuisiner, *v. intr. et tr.*	to cook	cocinar	kochen	cozinhar	μαγειρεύω

d

1	d'accord, *loc.*	alright, OK	de acuerdo, vale	in Ordnung	combinado	εντάξει, σύμφωνος
0	dans, *prép.*	in	en	in	na(o)	μέσα
4	danse, *n. f.*	dance	danza, baile	Tanz	dança	χορός
8	danser, *v. intr. et tr.*	to dance	bailar	tanzen	dançar	χορεύω
8	décembre, *n. m.*	December	diciembre	Dezember	Dezembro	Δεκέμβριος
1	découvrir, *v. tr. et intr. irr.*	to discover	descubrir	entdecken	descobrir	ανακαλύπτω, αποκαλύπτω
6	déjà, *adv.*	already	ya	schon	já	ήδη, κιόλας, πλέον, τώρα
6	déjeuner, *v. intr.*	to have lunch	almorzar	zu Mittag essen	almoço	γεύμα
3	demander, *v. tr.*	to ask	preguntar, pedir	fragen	pedir	απαιτώ, ερωτώ, ζητώ, θέλω
7	déménager, *v. tr. et intr.*	to move house	mudarse	umziehen	mudar de casa	μετακομίζω, μετακινούμαι
7	derrière, *prép. et adv.*	behind	detrás de, atrás	hinten, hinter	atrás de	πίσω, κατόπι
6	désolé, *adj.*	sorry	lo siento	es tud mis leid	desolado	απελπισμένος, λυπημένος
7	désordre, *n. m.*	disorder	desorden	Unordentlich	desordem	ακαταστασία, διαταραχή
0	dessin, *n. m.*	drawing	dibujo	Zeichnung	desenho	σχέδιο, σκίτσο
4	dessiner, *v. tr.*	to draw	dibujar, diseñar	zeichnen	desenhar	σχεδιάζω, ζωγραφίζω
2	détester, *v. tr.*	to hate	odiar	hassen	detestar	μισώ, σιχαίνομαι
1	deux, *adj. et n.*	two	dos	zwei	dois	δύο
1	deuxième, *adj. et n.*	second	segundo	zweiter	segundo	δεύτερος
7	devant, *prép. et adv.*	in front of	delante de, ante,	vor	à frente de	μπροστά
7	devoirs, *n. m. plur.*	homework	deberes	Hausarbeit	trabalhos de casa	εργασίες, μαθήματα
4	dictionnaire, *n. m.*	dictionary	diccionario	Wörterbuch	dicionário	λεξικό, λεξιλόγιο
3	différent(e), *adj.*	different	diferente	verschieden	diferente	διαφορετικός(η)
6	difficile, *adj.*	difficult	difícil	schwierig	difícil	δύσκολος
2	dimanche, *n. m.*	Sunday	domingo	Sonntag	domingo	Κυριακή
6	dîner, *v. intr.*	to have dinner	cena	zu Abend essen	jantar	δείπνο
0	dire, *v. tr. irr.*	to say, tell	decir	sagen	dizer	λέω, ρ. μετ.αν.
1	dix, *adj. et n.*	ten	diez	zehn	dez	δέκα
3	dix-huit, *adj. et n.*	eighteen	dieciocho	achtzehn	dezoito	δεκαοκτώ
3	dix-neuf, *adj. et n.*	nineteen	diecinueve	neunzehn	dezanove	δεκαεννέα
3	dix-sept, *adj. et n.*	seventeen	diecisiete	siebzehn	dezassete	δεκαεπτά
6	donner, *v. tr. et intr.*	to give	dar	geben	dar	δίνω
6	douche, *n. f.*	shower	ducha	Dusche	duche	ντους, απογοήτευση
3	douze, *adj. et n.*	twelve	doce	zwölf	doze	δώδεκα
2	drapeau, *n. m.*	flag	bandera	Fahne	bandeira	σημαία
8	drôle, *adj.*	strange	divertido, raro	seltsam	estranho	περίεργο, παράξενο

e

5	échanger, *v. tr.*	to exchange	intercambiar	austauschen	trocar	ανταλλάσσω, συναλλάσσω
6	échapper à, *v. intr.*	to escape from	escapar	entkommen	escapar a	γλιτώνω από, διαφεύγω
0	école, *n. f.*	school	escuela	Schule	escola	σχολείο
0	écouter, *v. tr.*	to listen to	escuchar	zuhören	ouvir	ακούω
0	écrire, *v. tr. irr.*	to write	escribir	schreiben	escrever	γράφω
3	égal(e)/égaux, *adj.*	equal	igual/iguales	gleich	igual/iguais	ίσος(η)/ίσοι, όμοιος
0	élève, *n. m.*	pupil	alumno	Schüler	aluno	μαθητής
7	emménager, *v. intr.*	to move into	instalarse	einziehen	mudar de casa	εξοπλίζω, μετακομίζω
2	emploi du temps, *n. m.*	timetable	horario	Stundenplan	horário	χρονοδιάγραμμα εργασιών
6	en avance, *loc.*	in advance	antes de la hora	im Voraus	antes da hora	νωρίτερα
6	en retard, *loc.*	late	con retraso	verspätet	atrasado(a)	με καθυστέρηση
7	en bas, *loc.*	downstairs/at the bottom	abajo	unten	em baixo	κάτω
7	en haut, *loc.*	upstairs/at the top	arriba	oben	em cima	πάνω

1	enchanté(e), *adj.*	delighted	encantado	erfreut	encantado	γοητευμένος
6	encore, *adv.*	still/again	todavía, otra vez	noch	ainda	ακόμα
4	enfant, *n. m.*	child	niño	Kind	criança	παιδί
1	entendre, *v. tr.*	to hear	oír, entender	hören	ouvir	ακούω, καταλαβαίνω
3	entre, *prép.*	between	entre	zwischen	entre	ανάμεσα, μεταξύ
1	entrer, *v. intr.*	to enter	entrar	eintreten	entrar	μπαίνω, εισχωρώ
5	équitation, *n. f.*	horse riding	equitación	Reiten	equitação	ιππασία
7	escalier, *n. m.*	stair	escalera	Treppe	escada	σκάλες
o	et, *conj.*	and	y	und	e	και
7	étagère, *n. f.*	shelve	estante, repisa	Regale	prateleira	ράφι
3	étranger/étrangère, *adj.*	stranger/ foreigner	extranjero	Ausländer	Estrangeiro	Ξένος / ξένη
o	être, *v. aux.*	to be	ser/estar	sein	ser/estar	είμαι, ρ.αν.
8	étudier, *v. tr.*	to study	estudiar	studieren	estudar	μελετώ, διαβάζω

f

6	facile, *adj.*	easy	fácil	leicht	fácil	εύκολος
1	faire, *v. tr. irr.*	to make/ do	hacer	machen	fazer	κάνω
4	famille, *n. f.*	family	familia	Familie	família	οικογένεια
8	fantastique, *adj.*	fantastic	fantástico	fantastisch	fantástico	φανταστικός
6	fatigué(e), *adj.*	tired	cansado	müde	cansado	κουρασμένος
8	férié, *adj.*	(public) holiday	feriado	Feiertag	feriado	εορτάσιμος, επίσημη αργία
6	fermé, *adj.*	closed	cerrado	geschlossen	fechado	κλειστός
8	fête, *n. f.*	party/ celebration	fiesta	Feier	festa	γιορτή
8	février, *n. m.*	February	febrero	Februar	Fevereiro	Φεβρουάριος
o	fille, *n. f.*	girl	chica	Mädchen	rapariga	Κορίτσι, ουσ. θηλ.
4	fille, *n. f.*	daughter	hija	Tochter	filha	κόρη
4	film, *n. m.*	film	película	Film	filme	φιλμ, ταινία
4	fils, *n. m.*	son	hijo	Sohn	filho	γιος
2	finir, *v. tr. et intr.*	to finish	terminar/acabar	beenden	acabar	Τελειώνω
5	fou, *adj.*	mad	loco	verrückt	louco	ανόητος, τρελός
o	français, *adj.*	French	francés	französisch	francês	γαλλικός, επιθ.
7	frapper, *v. tr.*	to hit	golpear	schlagen	bater	χτυπώ, σφραγίζω,
4	frère, *n. m.*	brother	hermano	Bruder	irmão	αδερφός
5	froid, *n. m.*	cold	frío	kalt	frio	κρύο
2	fromage, *n. m.*	cheese	queso	Käse	queijo	τυρί
4	front, *n. m.*	forehead	frente	Stirn	testa	μέτωπο

g

1	gagner, *v. tr.*	to win	ganar	gewinnen	ganhar	κερδίζω
o	garçon, *n. m.*	boy	chico	Junge	rapaz	αγόρι, νεαρός, σερβιτόρος
8	gâteau, *n. m.*	cake	pastel	Kuchen	bolo	γλυκό ουσ.ουδ.
2	génial, *adj.*	brilliant	genial	genial	genial	μεγαλοφυής
2	géographie, *n. f.*	Geography	geografía	Geographie	geografia	γεωγραφία
8	glissant(e), *adj.*	slippery	resbaladizo	glatt	escorregadio	γλιστερός, ολισθηρός
2	goût, *n. m.*	taste	gusto	Geschmack	gosto	γεύση, γούστο, ύφος
3	grand(e), *adj.*	big	grande	groß	grande	μεγάλος (η)
4	grand-mère, *n. f.*	grandmother	abuela	Großmutter	avó	γιαγιά
4	grand-père, *n. m.*	grandfather	abuelo	Großvater	avô	παππούς
4	grands-parents, *n. m. plur.*	grandparents	abuelos	Großeltern	avós	παππούδες
6	grève, *n. f.*	strike	huelga	Streik	greve	αμμουδιά, απεργία
3	gros(se), *adj.*	large	gordo(a)	dick	gordo(a)	παχύς, παχεια

h

2	habiter, *v. intr. et tr.*	to live	vivir	wohnen	morar	κατοικώ
2	haut, *adj. et adv.*	high	alto	hoch	alto	ψηλός, ψηλά, ύψος
4	héros, *n. m.*	hero	héroe	Held	herói	ήρωας
2	heure, *n. f.*	hour	hora	Stunde	hora	ώρα
2	Histoire (matière), *n. f.*	History	Historia	Geschichte	História	Ιστορία
4	histoire, *n. f.*	story	historia	Geschichte	história	ιστορία
6	horloge, *n. f.*	clock	reloj	Uhr	relógio de parede	ρολόι
1	huit, *adj. et n. m.*	eight	ocho	acht	oito	οκτώ

i

3	ici, *adv.*	here	aquí	hier	aqui	εδώ
7	idée, *n. f.*	idea	idea	Idee	ideia	ιδέα
2	imaginer, *v. tr.*	to imagine	imaginar	vorstellen	imaginar	φαντάζομαι, απεικονίζω
8	immeuble, *n. m.*	building	edificio	Gebäude	edifício	ακίνητο, κτίριο
o	inscription, *n. f.*	enrolment/ registration	inscripción	Anmeldung	inscrição	επιγραφή, εγγραφή

Lexique

	Français	English	Español	Deutsch	Português	Ελληνικά
7	interdit, *adj.*	forbidden	prohibido	verboten	proibido	απαγορευμένος
2	interroger, *v. tr.*	to ask	preguntar	befragen	interrogar	ανακρίνω, εξετάζω, ερωτώ
6	interview, *n. f.*	interview	entrevista	Interview	entrevista	συνέντευξη
4	inventeur, *n. m.*	inventor	inventor	Erfinder	inventor	εφευρέτης
7	invitation, *n. f.*	invitation	invitación	Einladung	convite	πρόσκληση
7	inviter, *v. tr.*	to invite	invitar	einladen	convidar	προσκαλώ

j

	Français	English	Español	Deutsch	Português	Ελληνικά
8	janvier, *n. m.*	January	enero	Januar	Janeiro	Ιανουάριος
3	japonais(e), *adj.*	Japanese	japonés	japanisch	japonês	γιαπωνικος
0	jeu, *n. m.*	game	juego	Spiel	jogo	παιχνίδι, ουσ.αρσ.
2	jeudi, *n. m.*	Thursday	jueves	Donnerstag	quinta-feira	Πέμπτη
0	jeune, *adj.*	young	joven	jung	jovem	νέος
6	joie, *n. f.*	joy	alegría	Freude	alegria	χαρά
0	joli(e), *adj.*	pretty	bonito	hübsch	bonito	όμορφος
0	jouer, *v. intr. et tr.*	to play	jugar	spielen	jogar	παίζω, ρ. αμετ. και μετ
1	joueur, *n. m.*/joueuse, *n. f.*	player	jugador	Spieler/Spielerin	jogador	παίκτης / παίκτρια
0	jour, *n. m.*	day	día	Tag	dia	ημέρα
0	journalisme, *n. m.*	journalism	periodismo	Journalismus	jornalismo	δημοσιογραφία
6	journée, *n. f.*	day	jornada, día	Tagesablauf	dia	ημέρα
8	juillet, *n. m.*	July	julio	Juli	Julho	Ιούλιος
8	juin, *n. m.*	June	junio	Juni	Junho	Ιούνιος
6	jusqu'à, *prép.*	until	hasta	bis	até	μέχρι
5	kayak, *n. m.*	kayak	kayac	Kajak	canoagem	καγιάκ

l

	Français	English	Español	Deutsch	Português	Ελληνικά
4	là, *adv.*	there	allí, ahí	dort	lá	εκεί
3	lettre, *n. f.*	letter	carta	Brief	carta	γράμμα
6	lieu, *n. m.*	place	lugar	Ort	lugar	τόπος
0	lire, *v. tr. irr.*	to read	leer	lesen	ler	διαβάζω, ρ. μετ. ανωμ.
7	lit, *n. m.*	bed	cama	Bett	cama	κρεβάτι
0	livre, *n. m.*	book	libro	Buch	livro	βιβλίο
5	loin, *adv.*	far	lejos	fern	longe	μακριά
5	loisir, *n. m.*	leisure	ocio	Freizeit	lazer	ανάπαυλα, άνεση, ελευθ.
5	luge, *n. f.*	toboggan	trineo (pequeño)	Schlitten	trenó pequeno	έλκυθρο
2	lundi, *n. m.*	Monday	lunes	Montag	segunda-feira	Δευτέρα
4	lunettes, *n. f. plur.*	glasses	gafas	Brille	óculos	γυαλιά

m

	Français	English	Español	Deutsch	Português	Ελληνικά
0	madame, *n. f.*	Mrs.	señora	Frau	senhora	κυρία, ουσ. θηλ.
1	magazine, *n. m.*	magazine	revista	Magazin	revista	περιοδικό, ουσ. αρσ.
8	mai, *n. m.*	May	mayo	Mai	Maio	Μάιος
7	maintenant, *adv.*	now	ahora	jetzt	agora	τώρα
4	maison, *n. f.*	house	casa	Haus	casa	σπίτι, οικία
6	malheureux(se), *adj.*	unhappy	infeliz, desgraciado	unglücklich	infeliz(es)	δυστυχισμένος
8	maman, *n. f.*	mummy	mamá	Mama	mamã	μαμά
6	manger, *v. tr.*	to eat	comer	essen	comer	τρώω
1	mannequin, *n. m.*	model	modelo, maniquí	Mannequin	manequim	μανεκέν, μοντέλο
7	marcher, *v. intr.*	to walk	andar	gehen	caminhar	περπατάω, βαδίζω
2	mardi, *n. m.*	Tuesday	martes	Dienstag	terça-feira	Τρίτη
3	marrant(e), *adj.*	funny	divertido	lustig	engraçado(a)	αστείος(α)
5	mars, *n. m.*	March	marzo	März	Março	Μάρτιος
3	masculin, *adj.*	masculine	masculino	männlich	masculino	αρσενικό
2	mathématiques/maths, *n.f.plur.*	mathematics/maths	matemáticas	Mathematik/Mathe	matemática	μαθηματικά
5	matin, *n. m.*	morning	mañana	Morgen	manhã	πρωί
2	mél, *n. m.*	e-mail address	email	Email	e-mail	ηλεκτρονικό ταχυδρομείο
5	mer, *n. f.*	sea	mar	Meer	mar	θάλασσα
0	merci, *n. m.*	thank you	gracias	Dankeschön	obrigado	ευχαριστώ, ουσ. αρσ.
2	mercredi, *n. m.*	Wednesday	miércoles	Mittwoch	quarta-feira	Τετάρτη
4	mère, *n. f.*	mother	madre	Mutter	mãe	μητέρα, μαμά
6	midi, *n. m.*	midday	mediodía	Mittag	meio-dia	μεσημέρι, νότος
3	mince, *adj.*	slender	delgado	dünn	magro	αδύνατος, λεπτός
6	minuit, *n. m.*	midnight	medianoche	Mitternacht	meia-noite	μεσάνυκτα
6	minute, *n. f.*	minute	minuto	Minute	minuto	λεπτό
2	mode, *n. f.*	fashion	moda	Mode	moda	μέθοδος, μόδα, ρυθμός
6	moins, *adv.*	less	menos	weniger	menos	λιγότερο, μείον, πλην
8	mois, *n. m.*	month	mes	Monat	mês	μήνας
4	mondial(e), *adj.*	world	mundial	weltweit	mundial	παγκόσμιος

0	monsieur, *n. m.*	Mr./ gentleman	señor	Herr	senhor	κύριος
5	montagne, *n. f.*	mountain	montaña	Berg	montanha	βουνό, όρος
7	monter, *v. intr. et tr.*	to go up	subir, montar	hochsteigen	subir	ανεβαίνω, αναρριχώμαι
6	montre, *n. f.*	watch	reloj	Uhr	relógio de pulso	μουγκή, άφωνη, σιωπηλή
8	muguet, *n. m.*	lily of the valley	muguete, lirio de los valles	Maiglöckchen	galanteador	μιγκέ
7	mur, *n. m.*	wall	muro, pared	Wand	parede	τοίχος
2	musique, *n. f.*	music	música	Musik	música	μουσική

n

3	national, *adj.*	national	nacional	national	nacional	εθνικός
3	nationalité, *n. f.*	nationality	nacionalidad	Staatsangehörigkeit	nacionalidade	εθνικότητα
1	neuf, *adj. et n.*	nine	nueve	neue	nove	εννέα, νέος, καινούργιος
8	Noël, *n. m.*	Christmas	Navidad	Weihnachten	Natal	Χριστούγεννα
3	noir(e), *adj.*	black	negro	schwarz	negro	μαύρο
1	nom, *n. m.*	name	apellido, sustantivo	Name	nome	όνομα
1	nombre, *n. m.*	number	número	Anzahl	número	αριθμός
0	non, *adv.*	no	no	nein	não	όχι, μη
4	nouveau/nouvelle, *adj.*	new	nuevo	neu	novo	νέος/νέα, καινούργιος
8	novembre, *n. m.*	November	noviembre	November	Novembro	Νοέμβριος
2	nul(le), *adj.*	zero	nulo	null	nenhum	κανένας, μηδαμινός
1	numéro, *n. m.*	number	número	Nummer	número	νούμερο, αριθμός

o

0	objet, *n. m.*	object	objeto	Objekt	objecto	αντικείμενο
8	octobre, *n. m.*	October	octubre	Oktober	Outubro	Οκτώβριος
4	oncle, *n. m.*	uncle	tío	Onkel	tio	θείος
3	onze, *adj. et n.*	eleven	once	elf	onze	έντεκα
7	ordinateur, *n. m.*	computer	computadora, ordenador	Computer	computador	υπολογιστής
4	organiser, *v. tr.*	to organise	organizar	organisieren	organizar	οργανώνω, προετοιμάζω
3	origine, *n. f.*	origin	origen	Ursprung	origem	αρχή, προέλευση
7	os, *n. m.*	bone	hueso	Knochen	osso	κόκαλο, οστό
1	ou, *conj.*	or	o, u	oder	ou	ή
0	où, *adv.*	where	donde	wo	onde, em que	πού, επιρ.
0	oublier, *v. tr.*	to forget	olvidar	vergessen	esquecer	ξεχνώ
0	oui, *adv.*	yes	sí	ja	sim	μάλιστα, ναι
7	ouvert, *adj.*	open	abierto, franco	offen	aberto	ανοικτός

p

7	pain, *n. m.*	bread	pan	Brot	pão	ψωμί
6	paradis, *n. m.*	Paradise	paraíso	Paradies	paraíso	παράδεισος
0	pardon, *interj.*	excuse me, I'm sorry	perdón	Entschuldigung	perdão	συγγνώμη, συγχώρηση
4	parents, *n. m. plur.*	parents	padres	Eltern	pais	γονείς
2	parler, *v. tr. et intr.*	to speak	hablar	sprechen	falar	μιλώ
3	participer à, *v. tr.*	to participate, take part in	participar en	teilnehmen an	participar em	συμμετέχω σε
4	partir, *v. intr.*	to leave, set out	salir, partir	fortgehen	partir	αναχωρώ, αποχωρώ
7	partout, *adv.*	everywhere	por todas partes	überall	por todo o lado	παντού
4	passion, *n. f.*	passion	pasión	Leidenschaft	paixão	πάθος
6	pause, *n. f.*	pause, break	pausa, descanso	Pause	pausa	διακοπή, παύση, διάλειμμα
4	pauvre, *adj.*	poor	pobre	arm	pobre	φτωχός
2	pays, *n. m.*	country	país	Land	país	πατρίδα, τόπος, χώρα
4	pendant, *prép.*	during	durante	während	durante	στη διάρκεια
3	penser, *v. intr. et tr.*	to think	pensar	denken	pensar	σκέφτομαι
4	père, *n. m.*	father	padre	Vater	pai	πατέρας
1	personnage, *n. m.*	character	personaje	Figur	personagem	προσωπικότητα, πρόσωπο
4	personne, *n. f.*	person	persona	Person	pessoa	κανένας, άτομο, πρόσωπο
2	petit déjeuner, *n. m.*	breakfast	desayuno	Frühstück	pequeno-almoço	πρωινό
3	petit(e), *adj.*	small	pequeño	klein	pequeno	μικρός
1	photo, *n. f.*	photo	foto	Photo	fotografia	φωτογραφία
7	pièce, *n. f.*	room	pieza, pedazo, moneda	Stück	peça	κομμάτι
7	placard, *n. m.*	cupboard	armario empotrado	Wandschrank	armário	ντουλάπι, ράφι,
8	poisson, *n. m.*	fish	pez, pescado	Fisch	peixe	ψάρι
8	poli(e), *adj.*	polite	educado	höflich	educado	ευγενικός, λείος
8	portable, *n. m.*	portable	móvil	Handy	portátil, telemóvel	κινητό ουσ.ουδ.
7	porte, *n. f.*	door	puerta	Tür	porta	είσοδος, πόρτα, πύλη
6	pour, *prép.*	for	para	für	para	για, διά, αντί, όπως, ώστε
4	pourquoi, *adv. et conj.*	why	por qué, porqué	warum	porquê	γιατί
3	préférer, *v. tr.*	to prefer	preferir	bevorzugen	preferir	προτιμώ
0	premier/première, *adj.*	first	primero	erster	Primeiro	Πρώτος/πρώτη, επιθ.

Lexique

4	prendre, *v. tr. et intr.*	to take	tomar, coger	nehmen	tomar	παίρνω
1	prénom, *n. m.*	forename, first name	nombre	Vorname	nome próprio	όνομα
1	préparer, *v. tr.*	to prepare	preparar	vorbereiten	preparar	προετοιμάζω, ετοιμάζω
4	président, *n. m.*	president	presidente	Präsident	presidente	πρόεδρος
4	prince, *n. m.*/princesse, *n. f.*	prince/princess	príncipe/princesa	Prinz/ Prinzessin	príncipe/princesa	πρίγκιπας/ πριγκίπισσα
8	printemps, *n. m.*	spring (season)	primavera	Frühling	Primavera	άνοιξη
7	privé, *adj.*	private	privado	privat	privado	ατομικός, ιδιωτικός
0	professeur/prof, *n. m.*	teacher	profesor	Lehrer	professor / prof	καθηγητής, ουσ.αρσ.
1	profession, *n. f.*	profession	profesión	Beruf	profissão	επάγγελμα
3	proposer, *v. tr.*	to offer	proponer	vorschlagen	propor	προτείνω

q

6	quarante, *adj. et n.*	forty	cuarenta	vierzig	quarenta	σαράντα
3	quatorze, *adj. et n.*	fourteen	catorce	vierzehn	catorze	δεκατέσσερα
1	quatre, *adj. et n.*	four	cuatro	vier	quatro	τέσσερα
3	quel/quelle, *adj.*	what? which?	qué, cuál	welcher/welche	qual	οποίος, ποιος/ όποια, ποια
1	question, *n. f.*	question	pregunta	Frage	questão	ερώτηση
3	quinze, *adj. et n.*	fifteen	quince	fünfzehn	quinze	δεκαπέντε

r

3	racisme, *n. m.*	racism	racismo	Rassismus	racismo	ρατσισμός
6	raconter, *v. tr.*	to tell (a story)	contar, relatar	erzählen	contar	διηγούμαι, αφηγούμαι
6	rapide, *adj.*	fast	rápido	schnell	rápido	γρήγορος
2	recommencer, *v. tr. et intr.*	to start again	empezar de nuevo, repetir	wieder anfangen	recomeçar	ξαναρχίζω, επαναλαμβάνω
2	récréation/récré, *n. f.*	break (recreation)	recreo	Pause	recreio	διάλειμμα
5	refuge, *n. m.*	refuge	refugio	Zufluchtsort	refúgio	άσυλο, καταφύγιο
0	regarder, *v. tr.*	to look at	mirar	anschauen	olhar	κοιτώ
5	région, *n. f.*	region	región	Region	região	περιοχή
1	renard, *n. m.*	fox	zorro	Fuchs	raposa	αλεπού
3	répéter, *v. tr.*	to repeat	repetir	wiederholen	repetir	επαναλαμβάνω
2	reportage, *n. m.*	report, reporting	reportaje	Reportage	reportagem	ανταπόκριση, ρεπορτάζ
8	réveillon, *n. m.*	New Year's Eve dinner	nochevieja	Silvester Festessen	passagem do ano	ρεβεγιόν
5	rêver, *v. intr.*	to dream	soñar	träumen	sonhar / sonho	ονειρεύομαι / όνειρο
4	révolution, *n. f.*	revolution	revolución	Revolution	revolução	επανάσταση
8	riche, *adj.*	rich	rico	reich	rico(a)	πλούσιος
4	roi, *n. m.* / reine, *n. f.*	king/ queen	rey/reina	König/ Königin	rei/rainha	βασιλιάς/ βασίλισσα
3	rond(e), *adj.*	round	redondo(a)	rund	redondo(a)	στρογγυλός(η)
6	rose, *adj.*	pink	rosa	rosa	rosa	ροζ, ρόδο, τριαντάφυλλο
6	route, *n. f.*	road	ruta, carretera	Straße, Landstraße	estrada	διαδρομή, δρόμος, πορεία
3	roux/rousse, *adj.*	red haired	rojizo (a), pelirrojo(a)	rothaarig	ruivo(a)	κοκκινομάλλης

s

1	s'appeler, *v. pron.*	to be called	llamarse	heißen	chamar-se	ονομάζομαι
4	s'habiller, *v. pron.*	to dress	vestirse	anziehen	vestir-se	ντύνομαι
0	s'il vous plaît/s'il te plaît, *loc.*	please	por favor	bitte	por favor	σας παρακαλώ
4	sac, *n. m.*	bag	bolso, bolsa	Tasche	saco	τσάντα, σάκος, σακούλι
7	salle de bains, *n. f.*	bathroom	cuarto de baño	Badezimmer	casa de banho	μπάνιο, λουτρό
7	salon, *n. m.*	lounge	salón, sala	Salon	salão	σαλόνι
0	saluer, *v. tr.*	to greet	saludar	begrüßen	saudar	χαιρετώ, υποκλίνομαι ρ.μετ.
0	salut, *n. m.*	hi!	¡hola!	Gruß	olá	χαιρετισμός, διάσωση
2	samedi, *n. m.*	Saturday	sábado	Samstag	sábado	Σάββατο
8	sauter, *v. intr. et tr.*	to jump	saltar	springen	saltar	πηδώ
4	sauver, *v. tr.*	to save	salvar, guardar	retten	salvar	σώζω, γλιτώνω
8	savoir, *v. tr.*	to know	saber	wissen	saber	μαθαίνω, ξέρω
1	se présenter, *v. pron.*	to introduce oneself	presentarse	sich vorstellen	apresentar-se	παρουσιάζομαι, συστήνομαι
6	se brosser les dents, *v. tr.*	to brush one's teeth	cepillarse los dientes	sich die Zähne putzen	escovar os dentes	βουρτσίζω τα δόντια
6	se coucher, *v. pron.*	to go to bed	acostarse	schlafen gehen	deitar-se	κοιμάμαι
6	se laver, *v. pron.*	to wash	lavarse	sich waschen	lavar-se	πλένομαι
6	se lever, *v. pron.*	to get up	levantarse	aufstehen	levantar-se	ανεβαίνω
6	se réveiller, *v. pron.*	to wake up	despertarse	aufwachen	acordar	ξυπνώ, σηκώνομαι
8	se déguiser, *v. pron.*	to disguise oneself	disfrazarse	sich verkleiden	disfarçar-se	μεταμφιέζομαι
7	secret, *n. m.*	secret	secreto	Geheimnis	secreto	μυστικό
3	seize, *adj. et n.*	sixteen	dieciséis	sechzehn	dezasseis	δεκαέξι
2	semaine, *n. f.*	week	semana	Woche	semana	εβδομάδα
1	sept, *adj. et n.*	seven	siete	sieben	sete	επτά
8	septembre, *n. m.*	September	septiembre	September	Setembro	Σεπτέμβριος
7	seul, *adj.*	alone	solo	allein	só	μόνος
3	seulement, *adv.*	only	solamente	nur	apenas	μόνο, ακόμη
4	siècle, *n. m.*	century	siglo	Jahrhundert	século	αιώνας

1	six, *adj. et n.*	six	seis	sechs	seis	έξι
2	ski, *n. m.*	ski	esquí	Ski	esqui	σκι
3	slogan, *n. m.*	slogan	eslógan	Schlagwort	slogan	σλόγκαν
4	sœur, *n. f.*	sister	hermana	Schwester	irmã	αδερφή
6	soir, *n. m.*	evening	noche	Abend	noite	βραδιά, βράδυ
6	soixante, *adj. et n.*	sixty	sesenta	sechzig	sessenta	εξήντα
2	sondage, *n. m.*	survey, poll	sondeo, encuesta	Umfrage	sondagem	βολιδοσκόπηση
3	souriant(e), *adj.*	smiling	sonriente	vergnügt	sorridente	χαμογελαστός
7	sous, *prép.*	under	bajo	unter	sob, por baixo de	κάτω, μέσα, υπό
2	sport, *n. m.*	sport	deporte	Sport	desporto	σπορ
1	star, *n. f.*	star	estrella	Star	estrela	σταρ
5	stress, *n. m.*	stress	estrés	Stress	stress	άγχος, στρες
0	stylo, *n. m.*	pen	bolígrafo	Stift	caneta	στυλό, ουσ.αρσ.
1	super, *adj.*	super	súper	Super	super	υπέροχα, υπέροχος, σούπερ
4	sur, *prép.*	on	sobre	auf	sobre, em cima de	επί, πάνω, περί
8	surprise, *n. f.*	surprise	sorpresa	Überraschung	surpresa	έκπληξη
2	sympathique/sympa, *adj.*	nice	simpático	sympathisch	simpático(a)	συμπαθητικός

t

0	tableau, *n. m.*	board	pizarra	Tafel	quadro	πίνακας, λίστα εικόνα
4	tante, *n. f.*	aunt	tía	Tante	tia	θεία
1	taupe, *n. f.*	mole	topo	Maulwurf	toupeira	τυφλοπόντικας
6	taureau, *n. m.*	bull	toro	Stier	touro	ταύρος
2	technologie, *n. f.*	technology	tecnología	Technick	Educação Tecnológica	τεχνολογία
8	téléphone, *n. m.*	telephone	teléfono	Telefon	telefone	τηλέφωνο
7	télévision, *n. f.*	television	televisión	Fernsehen	televisão	τηλεόραση
6	terrible, *adj.*	terrible	terrible	schrecklich	terrível	τρομερός, αποκρουστικός
2	tester, *v. tr.*	to test	someter a una prueba	testen	testar	δοκιμάζω
4	tête, *n. f.*	head	cabeza	Kopf	cabeça	κείφάλι
2	timbre (poste), *n. m.*	stamp	sello	Briefmarke	selo	γραμματόσημο
7	toilettes (WC), *n. f. plur.*	toilets	servicios	Toilette	quarto de banho (WC)	τουαλετα
6	tôt, *adv.*	soon	temprano	früh	cedo	νωρτς
5	toujours, *adv.*	always	siempre	immer	sempre	πάντα
6	touriste, *n. m. et f.*	tourist	turista	Tourist	turista	τουρίστας
5	train, *n. m.*	train	tren	Zug	comboio	τρένο
6	travail, *n. m.*	work	trabajo	Arbeit	trabalho	εργασία
4	travailler, *v. tr.*	to work	trabajar	arbeiten	trabalhar	εργάζομαι
3	treize, *adj. et n.*	thirteen	trece	dreizehn	treze	δεκατρία
6	trente, *adj. et n.*	thirty	treinta	dreißig	trinta	τριάντα
4	très, *adv.*	very	muy	sehr	muito	πολύ
1	trois, *adj. et n.*	three	tres	drei	três	τρία
1	troisième, *adj. et n.*	third	tercero	dritte	terceiro	τρίτος
0	trouver, *v. tr.*	to find	encontrar	finden	encontrar	βρίσκω
6	tunnel, *n. m.*	tunnel	tunel	Tunnel	túnel	σήραγγα

u

4	unique, *adj.*	only	único	einzig	único	μοναδικός
1	utiliser, *v. tr.*	to use	utilizar	benutzen	utilizar	χρησιμοποιώ

v w z

5	vacances, *n. f. plur.*	holidays	vacaciones	Ferien	férias	διακοπές
5	vélo, *n. m.*	bicycle	bicicleta	Fahrrad	bicicleta	ποδήλατο
2	vendredi, *n. m.*	Friday	viernes	Freitag	sexta-feira	Παρασκευή
8	venir, *v. intr. irr.*	to come	venir, llegar	kommen	vir	έρχομαι
3	vérifier, *v. tr.*	to check	verificar	überprüfen	verificar	επαληθεύω
7	vêtements, *n. m. plur.*	clothes	ropa	Kleidung	vestuário	ρούχα
5	ville, *n. f.*	town	ciudad	Stadt	cidade	πόλη
3	vingt, *adj. et n.*	twenty	veinte	zwanzig	vinte	είκοσι
7	visiter, *v. tr.*	to visit	visitar	besuchen	visitar	επισκέπτομαι
5	voile, *n. f.*	veil	vela	Segel	véu	πανί, ιστίο, πέπλο
4	voir, *v. tr. et intr. irr.*	to see	ver	sehen	ver	βλέπω
3	voisine, *n. f.*	neighbour	vecina	Nachbarin	vizinha	γείτόνισσα
5	voiture, *n. f.*	car	coche, auto	Auto	carro	αυτοκίνητο
5	voix, *n. f.*	voice	voz	Stimme	voz	φωνή, ψήφος
6	volcan, *n. m.*	volcano	volcán	Vulkan	vulcão	ηφαίστειο
5	voyage, *n. m.*	journey	viaje	Reise	viagem	ταξίδι
5	voyager, *v. intr.*	to travel	viajar	reisen	viajar	ταξιδεύω
1	vrai(e), *adj.*	true, real	verdadero	echt	verdadeiro	αληθινός ή
2	week-end, *n. m.*	weekend	fin de semana	Wochenende	fim-de-semana	Σαββατοκύριακο
2	zéro, *n. m.*	zero	cero	Null	zero	μηδέν

Calais

Lille

**NORD-
PAS-DE-CALAIS**

**HAUTE-
NORMANDIE**

PICARDIE

Mont-
Saint-Michel

**BASSE-
NORMANDIE**

Paris

ÎLE-DE-FRANCE

**CHAMPAGNE-
ARDENNE**

LORRAINE

**Strasbourg
ALSACE**

BRETAGNE

**PAYS DE
LA LOIRE**

Pornichet

Nantes

CENTRE

BOURGOGNE

FRANCHE-COMTÉ

**POITOU-
CHARENTES**

LIMOUSIN

**Clermont-
Ferrand**

Lyon

Val-d'Isère

RHÔNE-ALPES

Modane

Bordeaux

Sarlat

AUVERGNE

AQUITAINE

MIDI-PYRÉNÉES

Montpellier

**PROVENCE-
ALPES-
CÔTE D'AZUR**

Carcassonne

**LANGUEDOC-
ROUSSILLON**

Marseille

CORSE

100 km

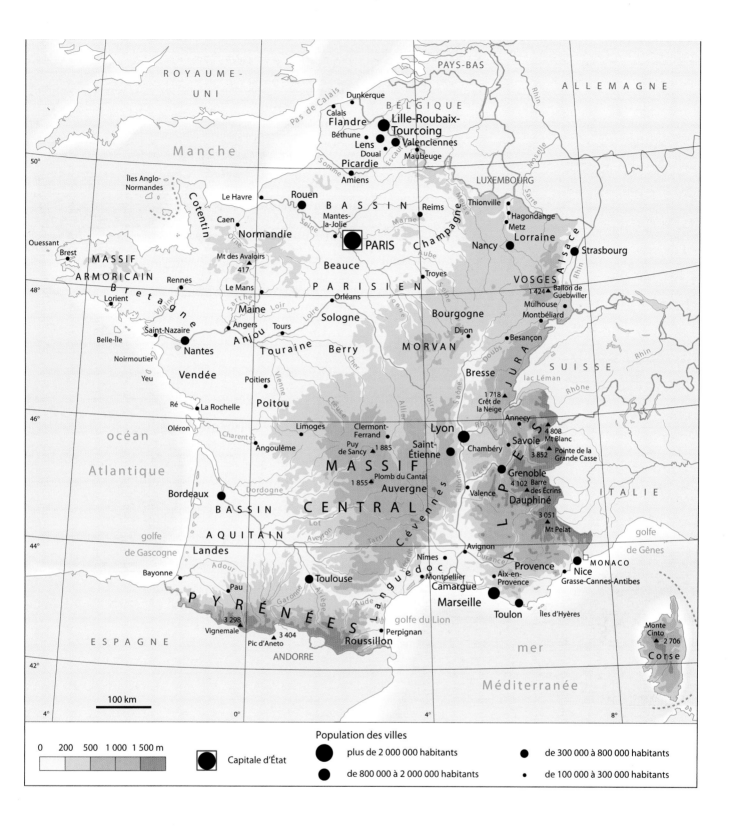

ROYAUME-UNI

PAYS-BAS

ALLEMAGNE

Manche

Pas de Calais

Dunkerque

Calais

Flandre

Béthune

Lens

Douai

Lille-Roubaix-Tourcoing

Valenciennes

Maubeuge

BELGIQUE

Picardie

Amiens

LUXEMBOURG

Îles Anglo-Normandes

Cotentin

Le Havre

Rouen

Caen

Normandie

Mantes-la-Jolie

BASSIN

Reims

Thionville

Hagondange

Metz

Lorraine

Nancy

Alsace

Strasbourg

Ouessant

Brest

MASSIF

ARMORICAIN

Rennes

Lorient

Bretagne

Mt des Avaloirs
417

PARIS

Beauce

Seine

Champagne

Marne

Aube

Troyes

Moselle

Sarre

Rhin

Mosel

Somme

Escaut

Le Mans

Maine

Sarthe

Loir

PARISIEN

Orléans

Sologne

Bourgogne

Dijon

VOSGES

Ballon de Guebwiller
1 424

Mulhouse

Montbéliard

Besançon

SUISSE

Rhin

Angers

Anjou

Tours

Touraine

Berry

Cher

MORVAN

Doubs

JURA

Saint-Nazaire

Nantes

Vendée

Vienne

Poitiers

Poitou

Bresse

lac Léman

Rhône

Belle-Île

Noirmoutier

Yeu

Ré

La Rochelle

Oléron

Charente

océan

Atlantique

Limoges

Clermont-Ferrand

Puy de Sancy
1 885

MASSIF

Plomb du Cantal
1 855

Auvergne

Saint-Étienne

Lyon

Chambéry

Savoie

Annecy

Crêt de la Neige
1 718

Mt Blanc
4 808

Pointe de la Grande Casse
3 852

Angoulême

CENTRAL

Isère

Grenoble

Barre des Écrins
4 102

Valence

Dauphiné

ITALIE

Bordeaux

Dordogne

Lot

Aveyron

Tarn

Cévennes

Rhône

Mt Pelat
3 051

BASSIN

AQUITAIN

golfe

de Gascogne

Landes

Bayonne

Pau

PYRÉNÉES

Vignemale
3 298

Pic d'Aneto
3 404

ESPAGNE

ANDORRE

Garonne

Ariège

Aude

Toulouse

Languedoc

Hérault

Nîmes

Avignon

Durance

Montpellier

Camargue

Perpignan

Roussillon

golfe du Lion

Aix-en-Provence

Provence

Marseille

Toulon

Iles d'Hyères

Nice

MONACO

Grasse-Cannes-Antibes

golfe

de Gênes

Monte Cinto
2 706

Corse

mer

Méditerranée

100 km

0   200   500   1 000   1 500 m

Capitale d'État

Population des villes

plus de 2 000 000 habitants

de 800 000 à 2 000 000 habitants

de 300 000 à 800 000 habitants

de 100 000 à 300 000 habitants

4°   0°   4°   8°

50°

48°

46°

44°

42°

Crédits photographiques

p. 11 : © Abaca-Presse, S. Benhamou/Gamma, © Catarina-Vandeville/Gamma ; p. 14 : © Presse Sports, Abaca-Presse, S. Benhamou/Gamma, Catarina-Vandeville/Gamma ; p. 15 : © Catarina/Gamma ; p. 18 a : © Presse Sports ; p. 18 b, c, : D.R. ; p. 18 d : Cinéma Prod ; p. 20 (1), (2) : Gamma ; p. 20 (3) : Gallup/Sipa, Bebert Bruno/Sipa ; p. 20 (4) : Lebeau/Sipa ; p. 20 (5) : Niviere-TV/NRJ/OH/Sipa ; p. 20 (7) : D.R. ; p. 20 (6) : Gamma ; p. 20 (8) : Pascal Lauener/Reuters ; p. 22 : © Boutet/Oredia (détail) ; p. 23 : © Label Image (commande du Conseil général) ; p. 26 : © Label Image (commande du Conseil général) ; pp. 26-27 a : © Benelux Press/Photononstop ; pp. 26-27 b : M. Colonel / Hoa-Qui ; pp. 26-27 c : © La Poste 2005 ; pp. 26-27 d : F. Chazot / Hoa-Qui ; pp. 26-27 e : © B. Pellerin / Maxppp ; pp. 26-27 f : © F. Jalain / Explorer Hoa-Qui ; pp. 26-27 g : © H. Champollion / Top ; p. 35 a : © Boutet/Oredia ; p. 38 a : © Boutet/Oredia ; p. 38 b : « Tous différents, tous égaux » : logo de la campagne européenne de la jeunesse contre le racisme, la xénophobie, l'antisémitisme et l'intolérance organisée par le Conseil de l'Europe en 1995 ; p. 44-45 a : Luc Gnago/Reuters ; p. 44-45 b, c, d : Hoa-Qui ; p. 44-45 (1), (2), (3), (4) : Getty Images ; p. 46 : © Zaubitzer / Editing Server ; p. 47 b, d : © Gamma ; p. 47 f : © Rosinski – Van Hamme – Le Lombard (Dargaud-Lombard S.A.)- 2005 ; p. 49 : © Photothèque Hachette ; p. 50 a : © Abaca Press ; p. 50 b : © Gamma ; p. 50 c, d : R. Delalande/JDD/Gamma ; p. 50 e, f : © Rosinski – Van Hamme – Le Lombard (Dargaud-Lombard S.A.)- 2005 ; p. 50 g, h : © Photothèque Hachette ; pp. 56-57 a, b, d, f, g : © Coll. Roger-Viollet ; pp. 56-57 c : © La Documentation française, Ph. J.M. Marcel ; pp. 56-57 : © Akg-images ; pp. 56-57 h : © Lapi/Roger-Viollet ; p. 59 a : © V. Leblic/Photononstop ; p. 59 b : © Simeone/Photononstop ; p. 61 a : © Carossio/Francedias ; p. 61 b : Photothèque Diathem ; p. 62 a : © V. Leblic/Photononstop ; p. 62 b : © Simeone/Photononstop ; p. 64 a : © Stock Photos/Photononstop ; p. 64 b : © J.D. Risler/Francedias ; p. 64 c : © M. Huteau/Ana ; p. 64 d : © J.Y. Guillaume/Francedias ; p. 66 1 : Setboun Photos/Sipa ; p. 66 2, 3 : Getty Images ; p. 68-69 (1 gauche-haut) : E. Audras/6PA/Maxppp ; p. 68-69 (2, 3 gauche-haut) : Getty Images ; p. 68-69 (1, 2, 3 gauche-bas) : Getty Images ; p. 68-69 (1 droite-haut) : Richard Bouhet/AFP ; p. 68-69 (2 droite-haut) : Getty Images ; p. 68-69 (3 droite-haut) : FUAJ/Nice Les Camélias ; p. 68-69 (1, 2, droite-bas) : Getty Images ; p. 68-69 (3 droite-bas) : Gerhard Westrich/LAIF-REA ; p. 71 a : © D. R. ; p. 71 b : © TCL ; p. 74 a : © D. R. ; p. 74 b : © TCL ; p. 75 a, b, c, d, e, f : D. R. ; pp. 80-81 a : © SNCF ; pp. 80-81 b : S. Grandadam/Hoa-Qui ; pp. 80-81 c : © Hachette livre Education ; pp. 80-81 d : S. Cordier/Hoa-Qui ; pp. 80-81 e : © P. Jordan/Network/Rapho ; pp. 80-81 f : © Bertrand/Urba-images ; pp. 80-81 g : © J. Damase/Hoa-Qui ; p. 83 : © D.R. ; p. 86 : © D.R. ; p. 92 : Hugues Hervé/Hémisphère ; p. 93 (1), (2), (3) : Getty Images ; p. 93 (4) : Elie/Wallis ; p. 95 c : © De l'Horme/Photononstop ; p. 95 a : © S. Villerot/REA ; p. 95 c : © Stockfood/StudioX ; p. 102 (1) : Claude Paris/Rea ; p. 102 (2) : Lebeau/Sipa ; p. 102 (3) : descamps/Wallis ; p. 102 (4) : Meigneux/Sipa ; p. 98 a, b : © D.R. ; pp. 80-81 a : © De l'Horme/Photononstop ; pp. 80-81 b : © Picture Press/StudioX ; pp. 80-81 c : © H. Porchier/BEP/LeDauphinéLibéré/Maxppp ; pp. 80-81 d : © Jules/SIPA ; pp. 80-81 e : © J.F. Rivière/Top ; pp. 80-81 f : © Chevalier/Oredia ; pp. 80-81 g : P. Roy/Hoa-Qui ; pp. 80-81 h : © S. Villerot/REA ; pp. 80-81 i : © Stockfood/StudioX ; pp. 80-81 j : © A. Wolf/Hoa-Qui ; pp. 80-81 k : © Age Fotostock/Hoa-Qui.

Achevé d'imprimer en Espagne par Cayfosa Quebecor en juin 2007
Dépôt légal: 06-2007 - Collection n°30 - Edition 01
15/5531/7